~ 미래와 통하는 책 ~

동양북스 외국어 베스트 도서

700만 독자의 선택!

새로운 도서, 다양한 자료 동양북스 홈페이지에서 만나보세요!

www.dongyangbooks.com
m.dongyangbooks.com

※ 학습자료 및 MP3 제공 여부는 도서마다 상이하므로 확인 후 이용 바랍니다.

홈페이지 도서 자료실에서 학습자료 및 MP3 무료 다운로드

PC

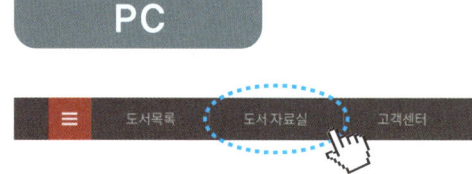

❶ 홈페이지 접속 후 도서 자료실 클릭
❷ 하단 검색 창에 검색어 입력
❸ MP3, 정답과 해설, 부가자료 등 첨부파일 다운로드
  * 원하는 자료가 없는 경우 '요청하기' 클릭!

MOBILE

* 반드시 '인터넷, Safari, Chrome' App을 이용하여 홈페이지에 접속해주세요. (네이버, 다음 App 이용 시 첨부파일의 확장자명이 변경되어 저장되는 오류가 발생할 수 있습니다.)

❶ 홈페이지 접속 후 ☰ 터치

❷ 도서 자료실 터치

❸ 하단 검색창에 검색어 입력
❹ MP3, 정답과 해설, 부가자료 등 첨부파일 다운로드
  * 압축 해제 방법은 '다운로드 Tip' 참고

일본어뱅크
Open
オープン日本語会話
일본어 회화

나가하라 나리카츠 지음

1

동양북스

일본어 회화 1

초판 10쇄 | 2025년 2월 20일

지은이 | 나가하라 나리카츠
발행인 | 김태웅
책임 편집 | 길혜진, 이서인
디자인 | 남은혜, 김지혜
일러스트 | 이창우
마케팅 총괄 | 김철영
온라인 마케팅 | 신아연
제　작 | 현대순

발행처 | ㈜동양북스
등　록 | 제 2014-000055호
주　소 | 서울시 마포구 동교로22길 14 (04030)
구입문의 | 전화 (02)337-1737　팩스 (02)334-6624
내용문의 | 전화 (02)337-1762　dymg98@naver.com

ISBN 978-89-8300-829-9 14730
　　　978-89-8300-831-2 (세트)

ⓒ 2011. 나가하라 나리카츠

▶ 본 책은 저작권법에 의해 보호를 받는 저작물이므로 무단 전재와 복제를 금합니다.
▶ 잘못된 책은 구입처에서 교환해 드립니다.
▶ ㈜동양북스에서는 소중한 원고, 새로운 기획을 기다리고 있습니다.
　 http://www.dongyangbooks.com

머리말

　일본어는 한국어와 유사한 점이 있어서 한국인에게는 접근하기 쉬운 언어입니다. 그리고 일본 대중문화 개방으로 인하여 많은 젊은이들이 일본과 일본어, 그리고 일본 문화를 접하게 되면서 더더욱 일본이라는 나라를 가깝게 느끼고 있는 것도 사실입니다. 하지만 일본어를 배우다 보면 처음에는 상당히 쉽게 느껴지던 것도 하면 할수록 어려워지는 것이 특징입니다. 어떻게 하면 쉬울 것 같으면서도 어려운 일본어에 쉽게 다가갈 수 있을까요?

　19년 동안 일본어 교육에 종사하면서 일본어를 공부하는 한국인 학습자들이 일본어로 대화할 때 잘못 쓰는 용례를 수집해보니 대부분 비슷한 부분에서 같은 실수를 하게 된다는 사실을 알았습니다. 단순히 발음을 잘 못하는 경우, 문법적인 이해가 부족한 데서 오는 실수, 한국어와 일본어가 같은 표현을 쓴다는 착각에서 오는 실수 등 다양한 종류를 들 수 있겠지만, 그중에서 세 번째인 "한국어와 일본어가 같은 표현을 쓴다는 착각에서 오는 실수"에 중점을 두고 그 부분만 확실하게 고쳐진다면 상당히 자연스러운 일본어를 구사할 수 있을 것이라고 여겨 이 교재를 집필하게 되었습니다.

　특히 이 교재의 특징 중 하나는 본문 내용을 한국어와 일본어의 차이점, 한국 문화와 일본 문화의 차이점에 초점을 맞춰서 쓴 것입니다. 본문 내용을 읽기만 해도 '한국과 일본이 이런저런 차이가 있구나.'라는 것을 알 수 있도록 배려하였습니다. 그리고 다른 교재에 비해 비교적 많은 단어를 실었습니다. 대화를 잘하기 위해서는 물론 문법도 중요하지만 결국 단어를 많이 알아야 대화의 폭도 넓어지는 것입니다. 그런 의미에서 일부러 다양한 단어를 사용하도록 신경 썼습니다. 또한, 문법도 절대 무시할 수 없는 부분입니다. 이 교재에서는 JLPT N3에서 N2 레벨까지의 문법을 배우고 그것을 회화에 응용할 수 있도록 구성되어 있으며, 문법 하나하나마다 "POINT"라는 항목을 설정하여 한국인들이 많이 실수하는 부분이나 주의해야 할 점에 대해서 언급해 놓았습니다. 그리고 다른 교재와 차별화되는 부분은 각 과의 마지막에 있는 "틀리기 쉬운 일본어 표현"으로 한국인들이 일본어를 배우면서 혼동하기 쉬운 표현을 예문과 함께 자세히 적어 놓은 점입니다.

　이 교재를 통해서 독자 여러분이 잘못 쓰기 쉬운 일본어를 파악하고 일본어 회화 능력을 조금이라도 향상하는 데 도움이 되었으면 하는 바람입니다.

저자

차례

차례		4
일러두기		6
등장인물 소개		8

LESSON 1 勘違い 9
〜んです / 〜のに / 〜ですよね / 〜と言われる / 〜た方がいい /
〜ない方がいい

LESSON 2 誤解 21
〜んですけど / 何の〜 / 〜にくい / 〜という〜 /
もしかして 〜じゃないですか / 〜みたいだ

LESSON 3 スポーツ 33
동사의 가능형 / 〜し / 〜方 / 〜と言ってもいいほど / 〜というより /
〜ましょうか

쉬어가기 いろいろな野菜 44

LESSON 4 手品と段ボール箱 47
〜って / 〜か / 〜ちゃう / 〜たばかり / 〜たらいい / 〜ことにする

LESSON 5 文化の違いⅠ 59
자동사와 타동사 / 〜場合 / 〜ないと / 〜こともある /
〜てある / 〜とか

LESSON 6 言葉の意味の違いⅠ 71
〜しなくてはいけない / 〜ておく / 〜だったら / 〜ばかり /
〜そうにない / どちらかというと

쉬어가기 いろいろなキッチン用品 82

LESSON 7	言葉の意味の違いⅡ ································· 85
	～ようにする / ～に対して / ～によって / ～じゃなくて / ～について / なかなか ～ない

LESSON 8	マナー ································· 97
	～ているところ / ～しかない / ～される(수동) / ～たところ / ～られる / ～ようで

LESSON 9	文化の違いⅡ ································· 109
	～と聞いている / 생략형 ～てる・～てく・～とく / 명령형 / ～てくれる / ～っけ

쉬어가기	いろいろな家の中の物　　　　　　　　120

LESSON 10	文化の違いⅢ ································· 123
	～に比べて / ～にとって / ～て間もない / ～たら / ～た上で / ～てもらう

LESSON 11	飲食店Ⅰ ································· 135
	사역형 ～させる / ～てあげる / まるで ～みたい / お+ます형+でしょうか / お+ます형+する(いたす) / お+ます형+ください

LESSON 12	飲食店Ⅱ ································· 147
	ご+한어동사+ください / お+ます형+になる(존경어) / ～おる / ～れる・られる(존경어) / 危うく ～するところだった / 한어동사+される(존경어)

쉬어가기	いろいろな食べ物　　　　　　　　158

LESSON 13	漢字 ································· 161
	～もの / ～らしい / ということは / ～わけではない / ～される(사역수동) / ～うちに

일러두기 preview

Conversation 1 / Conversation 2
일본과 한국의 문화 차이에 대한 내용을 다루었으며, 회화를 공부하면서 자연스럽게 한국과 일본의 문화를 배울 수 있습니다.

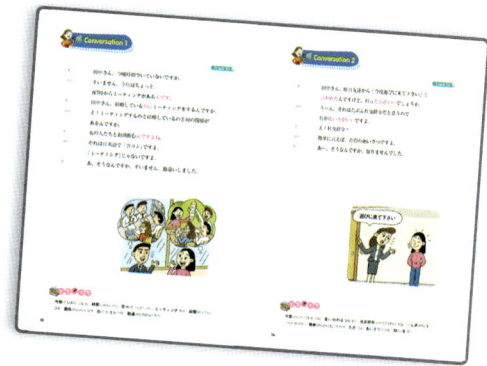

Grammar
각 과에서 중요하게 다루는 문법을 알기 쉽게 예문과 같이 설명했으며 회화에 응용할 수 있도록 했습니다.

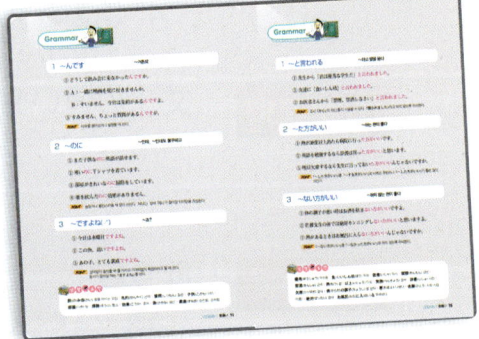

Exercise
각 과에서 다루는 문법과 문형을 바탕으로 문제를 풀어보며 중요 표현들을 복습할 수 있습니다.

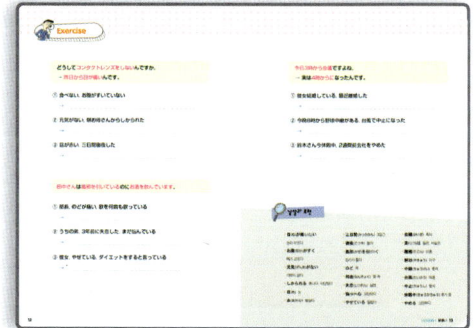

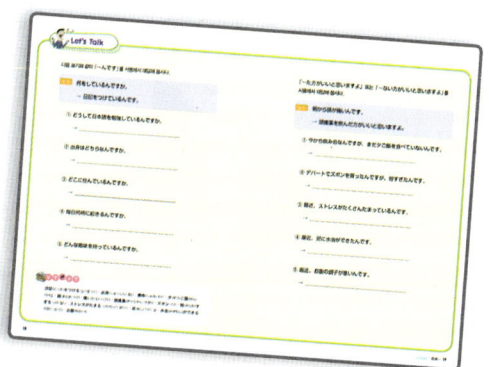

Let's Talk
각 과에서 배운 문법과 문형을 이용하여 말하기 연습을 할 수 있는 코너입니다.
제시된 문장이나 그림을 보고 자유롭게 이야기할 수 있도록 했습니다.

쉬어가기
쉬어가기 코너로 일상적인 단어를 그림과 함께 구성하여 효과적으로 학습할 수 있습니다.

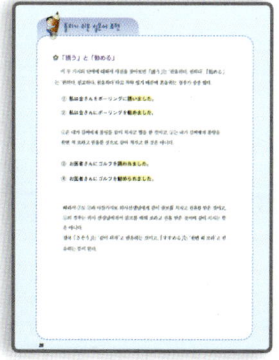

틀리기 쉬운 일본어 표현
일본어와 한국어의 문법이 비슷해서 자칫 실수하기 쉬운 일본어 표현들을 뽑아서 정리한 코너로, 이해하기 쉽도록 일본어 예문을 들어 비교 설명하여 올바른 일본어 표현을 구사할 수 있도록 했습니다.

# 등장인물 소개 character

李(이)

한국인. 도쿄에 사는 회사원.
현재 일본의 무역 회사에 근무하고 있으며, 田中(다나카) 씨와 회사 동료이다.

田中(다나카)

일본인. 도쿄에 사는 회사원.
현재 李와 같은 회사에 근무하고 있다.

LESSON 1
勘違い

学習ポイント

- ➡ 〜んです
- ➡ 〜のに
- ➡ 〜ですよね
- ➡ 〜と言われる
- ➡ 〜た方がいい
- ➡ 〜ない方がいい

 **Conversation 1**

李 　　　田中さん、今晩時間空いていないですか。

田中 　　すいません。今日はちょっと。
　　　　夜7時からミーティングがある**ん**です。

李 　　　田中さん、結婚している**のに**ミーティングをするんですか。

田中 　　え？ミーティングするのと結婚しているのと何の関係が
　　　　あるんですか。

李 　　　女の人たちとお酒飲む**ん**です**よね**。

田中 　　それは日本語で「合コン」ですよ。
　　　　「ミーティング」じゃないですよ。

李 　　　あ、そうなんですか。すいません。勘違いしました。

今晩(こんばん) 오늘 밤 | **時間**(じかん) 시간 | **空**(あ)く 시간이 나다 | **ミーティング** 회의 | **結婚**(けっこん) 결혼 | **関係**(かんけい) 관계 | **合**(ごう)**コン** 미팅 | **勘違**(かんちが)い 착각

1 ～んです   ~거든요

① どうして飲み会に来なかったんですか。

② A：一緒に映画を見に行きませんか。

    B：すいません。今日は先約があるんですよ。

③ すみません。ちょっと質問があるんですが。

> **POINT** 이유를 물어보거나 설명할 때 쓴다.

2 ～のに   ~인데, ~인데도 불구하고

① まだ子供なのに英語が話せます。

② 寒いのにTシャツを着ています。

③ 部屋がきれいなのに掃除をしています。

④ 薬を飲んだのに効果がありません。

> **POINT** 놀랐거나 불만스러울 때 많이 쓰인다. 명사, な형용사에「のに」가 연결될 때,「のに」앞에「な」가 들어가는 것에 주의한다.

3 ～ですよね(↗)   ~죠?

① 今日は水曜日ですよね。

② この魚、高いですよね。

③ あの子、とても素直ですよね。

> **POINT** 상대방이 동의를 해 줄 거라고 기대하면서 확인하려고 할 때 쓴다.

낱말과 표현

飲(の)み会(かい) 술을 마시는 모임 | 先約(せんやく) 선약 | 質問(しつもん) 질문 | 子供(こども) 아이 |
部屋(へや) 방 | 掃除(そうじ) 청소 | 効果(こうか) 효과 | 魚(さかな) 생선 | 素直(すなお) 순진함, 순박함

1 A：どうしてコンタクトレンズをしないんですか。
B：昨日から目が痛いんです。

① 食べない, お腹がすいていない
→ _____

② 元気がない, 朝お母さんからしかられた
→ _____

③ 目が赤い, 三日間徹夜した
→ _____

2 田中さんは風邪を引いているのにお酒を飲んでいます。

① 部長, のどが痛い, 歌を何曲も歌っている
→ _____

② うちの弟, 3年前に失恋した, まだ悩んでいる
→ _____

③ 彼女, やせている, ダイエットをすると言っている
→ _____

A：今日3時から会議ですよね。
B：実は4時からになったんです。

① 彼女結婚している, 最近離婚した

　→ _____

② 今晩8時から野球中継がある, 台風で中止になった

　→ _____

③ 鈴木さん今休暇中, 2週間前会社をやめた

　→ _____

- **目(め)が痛(いた)い** 눈이 아프다
- **お腹(なか)がすく** 배가 고프다
- **元気(げんき)がない** 기운이 없다
- **しかられる** 혼나다, 야단맞다
- **目(め)** 눈
- **赤(あか)い** 빨갛다
- **三日間(みっかかん)** 3일간
- **徹夜(てつや)** 철야
- **風邪(かぜ)を引(ひ)く** 감기가 들다
- **のど** 목
- **何曲(なんきょく)** 몇 곡
- **失恋(しつれん)** 실연
- **悩(なや)む** 고민하다
- **やせている** 말랐다
- **会議(かいぎ)** 회의
- **実(じつ)は** 실은, 사실은
- **離婚(りこん)** 이혼
- **野球(やきゅう)** 야구
- **中継(ちゅうけい)** 중계
- **台風(たいふう)** 태풍
- **中止(ちゅうし)** 중지
- **休暇中(きゅうかちゅう)** 휴가 중
- **やめる** 그만두다

 Conversation 2

Track 02

李	田中さん、昨日友達から「今度遊びに来て下さい」と言われたんですけど、行った方がいいでしょうか。
田中	うーん、それはたぶん社交辞令だと思うので行かない方がいいですよ。
李	え？社交辞令？
田中	簡単に言えば、ただのあいさつですよ。
李	あー、そうなんですか。知りませんでした。

今度(こんど) 다음 번, 이번 | **言**(い)**われる** 말을 듣다 | **社交辞令**(しゃこうじれい) 빈말 | **～と思**(おも)**う** ～라고 생각하다 | **簡単**(かんたん)**に** 간단하게 | **ただ** 그냥 | **あいさつ** 인삿말 | **知**(し)**る** 알다

1　～と言われる　　　　～라고 말을 듣다

① 先生から「君は優秀な学生だ」と言われました。

② 友達に「食いしん坊」と言われました。

③ お医者さんから「禁煙、禁酒しなさい」と言われました。

POINT 조사 「から」와 「に」를 다 사용할 수 있다. 「聞かれました」라고 하지 않도록 주의한다.

2　～た方がいい　　　　～하는 편이 좋다

① 熱が38度以上出たら病院に行った方がいいです。

② 英語を勉強するなら辞書は買った方がいいと思います。

③ 明日欠席するなら先生に言っておいた方がいいんじゃないですか。

POINT 「～した方がいい」를 「～する方がいい」로 바꿔도 무방하나 「～した方がいい」가 훨씬 많이 쓰인다.

3　～ない方がいい　　　　～하지 않는 편이 좋다

① 体の調子が悪い時はお酒を飲まない方がいいですよ。

② 佐藤先生の前では絶対カンニングしない方がいいと思いますよ。

③ 熱があるときはお風呂に入らない方がいいんじゃないですか。

POINT 「～ない方がいい」를 「～なかった方がいい」로 하지 않도록 주의한다.

낱말과 표현

優秀(ゆうしゅう) 우수함 | 食(く)いしん坊(ぼう) 먹보 | 医者(いしゃ) 의사 | 禁煙(きんえん) 금연 | 禁酒(きんしゅ) 금주 | 熱(ねつ) 열 | 以上(いじょう) 이상 | 勉強(べんきょう) 공부 | 辞書(じしょ) 사전 | 欠席(けっせき) 결석 | 体(からだ)の調子(ちょうし) 몸 상태 | 悪(わる)い 나쁘다 | 佐藤(さとう) 사토(사람 이름) | 絶対(ぜったい) 절대 | お風呂(ふろ)に入(はい)る 목욕하다

1

A：高橋さんに「つきあってほしい」と言われたんです。
B：え、そんなこと言われたんですか。

① 金さん, あなたとは絶交だ
　→ ＿＿＿＿＿＿＿＿＿＿＿＿＿＿＿＿＿＿＿＿＿＿

② 渡辺さん, 馬鹿みたい
　→ ＿＿＿＿＿＿＿＿＿＿＿＿＿＿＿＿＿＿＿＿＿＿

③ 社長, 今月でやめてほしい
　→ ＿＿＿＿＿＿＿＿＿＿＿＿＿＿＿＿＿＿＿＿＿＿

2

A：二日間も徹夜したんですよ。
B：だったら今日はゆっくり寝た方がいいと思いますよ。

① 最近ストレスのためになかなか寝られない, 一度病院に行く
　→ ＿＿＿＿＿＿＿＿＿＿＿＿＿＿＿＿＿＿＿＿＿＿

② 免許証を落とす, 早めに再発行してもらう
　→ ＿＿＿＿＿＿＿＿＿＿＿＿＿＿＿＿＿＿＿＿＿＿

③ 昨日どろぼうに入られる, 警察に届ける
　→ ＿＿＿＿＿＿＿＿＿＿＿＿＿＿＿＿＿＿＿＿＿＿

3
A：このことを彼に言った方がいいでしょうか。
B：いや、このことは彼に言わない方がいいと思いますよ。

① 子供に風邪薬を飲ませる
→ _____

② うちの子がオートバイに乗ることを許す
→ _____

③ この報告書を部長に見せる
→ _____

 낱말과 표현

- 高橋(たかはし) 다카하시(사람 이름)
- つきあう 사귀다
- 絶交(ぜっこう) 절교
- 渡辺(わたなべ) 와타나베(사람 이름)
- 馬鹿(ばか)みたい 바보 같다
- やめる 그만하다, 그만두다
- 徹夜(てつや) 철야
- 免許証(めんきょしょう) 면허증
- 落(お)とす 떨어뜨리다
- 早(はや)めに 일찌감치
- 再発行(さいはっこう) 재발급
- どろぼうに入(はい)られる 도둑이 들다
- 警察(けいさつ)に届(とど)ける 경찰에 신고하다
- 子供(こども) 아이
- 風邪薬(かぜぐすり) 감기약
- 許(ゆる)す 허락하다
- 報告書(ほうこくしょ) 보고서
- 見(み)せる 보이다

Let's Talk

1 다음 보기와 같이 「～んです」를 사용해서 대답해 봅시다.

> **보기** 何をしているんですか。
> → 日記をつけているんです。

① どうして日本語を勉強しているんですか。
→ _____

② 出身はどちらなんですか。
→ _____

③ どこに住んでいるんですか。
→ _____

④ 毎日何時に起きるんですか。
→ _____

⑤ どんな趣味を持っているんですか。
→ _____

낱말과 표현

日記(にっき)をつける 일기를 쓰다 | **出身(しゅっしん)** 출신 | **趣味(しゅみ)** 취미 | **頭(あたま)** 머리 | **痛(いた)い** 아프다 | **頭痛薬(ずつうやく)** 두통약 | **夕(ゆう)ご飯(はん)** 저녁밥 | **ズボン** 바지 | **短(みじか)すぎる** 너무 짧다 | **ストレスがたまる** 스트레스가 쌓이다 | **足(あし)** 다리, 발 | **水虫(みずむし)ができる** 무좀이 생기다 | **お腹(なか)** 배

❷ 「～た方がいいと思いますよ」 또는 「～ない方がいいと思いますよ」를 사용해서 대답해 봅시다.

> 보기　朝から頭が痛いんです。
> →　頭痛薬を飲んだ方がいいと思いますよ。

① 今から飲み会なんですが、まだ夕ご飯を食べていないんです。

→ _____

② デパートでズボンを買ったんですが、短すぎたんです。

→ _____

③ 最近、ストレスがたくさんたまっているんです。

→ _____

④ 最近、足に水虫ができたんです。

→ _____

⑤ 最近、お腹の調子が悪いんです。

→ _____

틀리기 쉬운 일본어 표현

❋ 「誘う」と「勧める」

이 두 가지의 단어에 대해서 사전을 찾아보면 「誘う」는 '권유하다, 권하다', 「勧める」는 '권하다, 권고하다, 권유하다'라고 적혀 있기 때문에 혼동하는 경우가 종종 있다.

① 私は金さんをボーリングに誘いました。

② 私は金さんにボーリングを勧めました。

①은 내가 김씨에게 볼링을 같이 치자고 말을 한 것이고, ②는 내가 김씨에게 볼링을 한번 쳐 보라고 권유한 것으로 같이 치자고 한 것은 아니다.

③ お医者さんにゴルフを誘われました。

④ お医者さんにゴルフを勧められました。

따라서 ③도 ①과 마찬가지로 의사선생님에게 같이 골프를 치자고 권유를 받은 것이고, ④의 경우는 의사 선생님에게서 골프를 배워 보라고 권유 받은 것이며 같이 치자는 뜻은 아니다.

결국 「さそう」는 '같이 하자'고 권유하는 것이고, 「すすめる」는 '한번 해 보라'고 권유하는 뜻이 된다.

LESSON 2
誤解

学習ポイント

- ～んですけど
- 何の～
- ～にくい
- ～という～
- もしかして ～じゃないですか
- ～みたいだ

Track 03

李	この前、好きな人を映画に誘ったんですけど、「考えてみます」と言っていたのに何の返事もないんです。
田中	あのー、とても言いにくい話なんですけど、たぶんその「考えてみます」の意味は断りの意味だと思いますよ。
李	え？日本ではそうなんですか。韓国では肯定的な意味で使いますけど。
田中	それが日本と韓国の文化の違いですよ。
李	そうですか。楽しみにしていたのに、ショックです。

この前(まえ) 전번, 지난 번 | 誘(さそ)う 권유하다 | 何(なん)の〜 아무〜 | 返事(へんじ) 대답, 답장 |
〜にくい 〜하기 어렵다 | たぶん 아마 | 意味(いみ) 의미 | 断(ことわ)り 거절 | 肯定的(こうていてき)
긍정적 | 文化(ぶんか) 문화 | 違(ちが)い 차이 | 楽(たの)しみにする 기대하다

1 〜んですけど　　　〜인데요

① ちょっと質問があるんですけど…。

② このズボン、ちょっときついんですけど。

③ 試験のことなんですけど、試験範囲は何課から何課までですか。

POINT 「〜が」는 회화체와 문장체 양쪽 다 쓰이지만 「〜けど」는 회화체에서만 쓰이며, 질문이나 의뢰할 때 많이 쓰인다.

2 何の〜　　　무슨〜, 아무

① こんな道具は何の役にも立ちません。

② この事件は私とは何の関係もありません。

③ もう一週間彼から何の連絡もありません。

POINT 여기에서는 '아무〜'라는 뜻으로 쓰이며, 「何の〜」에는 그외에 '무슨〜'의 뜻이 있다.
예) 今日は何の日ですか。

3 ます形＋にくい　　　〜하기 어렵다, 〜하기 힘들다

① この本は字が小さくて読みにくいです。

② 新しく出た焼酎は私には飲みにくいです。

③ 田中先生の説明は分かりにくいです。

POINT 반대말은 「ます形＋やすい」이다.

낱말과 표현

質問(しつもん) 질문 | ズボン 바지 | きつい 꼭 끼다 | 試験(しけん) 시험 | 範囲(はんい) 범위 |
何課(なんか) 몇 과 | 道具(どうぐ) 도구 | 役(やく)に立(た)つ 도움이 되다 | 事件(じけん) 사건 |
関係(かんけい) 관계 | 連絡(れんらく) 연락 | 焼酎(しょうちゅう) 소주 | 説明(せつめい) 설명

Exercise

1
A：すいません。ちょっとお願いがあるんですけど。
B：はい、何ですか。
A：この書類のコピーを一枚お願いしてもいいですか。
B：はい、いいですよ。分かりました。

① お話, 今日病院に行くので早退する
  → _____

② お話すること, 土曜日陸上の県大会に出るので、学校を休む
  → _____

③ 頼み事, この書類を英語に翻訳してもらう
  → _____

2 こんな話、何の意味もありませんよ。

① 石, 価値がない
  → _____

② 方法, 解決にならない
  → _____

③ 薬, 効果がない
  → _____

3 N1は受かりにくい試験の一つです。

① アグチム, 日本人には食べる, 料理
 → _____

② ロシア語, 習う, 言語
 → _____

③ 東北弁, 聞き取る, 方言
 → _____

 낱말과 표현

- 書類(しょるい) 서류
- 一枚(いちまい) 한 장
- 早退(そうたい) 조퇴
- 陸上(りくじょう) 육상
- 県大会(けんたいかい) 현 대회
- 頼(たの)み事(ごと) 부탁할 일
- 翻訳(ほんやく) 번역
- 石(いし) 돌
- 価値(かち) 가치
- 方法(ほうほう) 방법
- 解決(かいけつ) 해결
- 薬(くすり) 약
- 効果(こうか) 효과
- 受(う)かる (시험에) 붙다
- アグチム 아구찜
- 料理(りょうり) 요리
- ロシア語(ご) 러시아어
- 言語(げんご) 언어
- 東北弁(とうほくべん) 동북지방 사투리
- 聞(き)き取(と)る 알아듣다
- 方言(ほうげん) 방언

LESSON 2 誤解 **25**

李	田中さん、私の「李」という苗字は変ですか。
田中	全然変じゃないですよ。どうしたんですか、急に。
李	先週ヨドバ電器で冷蔵庫を買ったんですけど、配達のことで名前を聞かれたんです。 それで「李です」と答えたら、相手の人が困った顔をしていたんです。
田中	それ、もしかして相手には「いいです」と聞こえたんじゃないですか。
李	そうなんです。それで、すぐにフルネームで父の名前を言ったらまた変な顔をしていました。
田中	お父さんのお名前は何と言うんですか。
李	李七虎(イチルホ)なんですけど、早く言うと「イチロ」になるんです。
田中	本当だ。野球選手みたいな名前になりますね。ハハハ。
李	田中さんまでからかわないでくださいよ。

苗字(みょうじ) 성씨 | **全然**(ぜんぜん) 전혀 | **急**(きゅう)**に** 갑자기 | **電器**(でんき) 전기 기구 | **冷蔵庫**(れいぞうこ) 냉장고 | **配達**(はいたつ) 배달 | **答**(こた)**える** 대답하다 | **相手**(あいて) 상대방 | **困**(こま)**った** 곤란한 | **顔**(かお) 얼굴 | **フルネーム** 풀네임 | **野球選手**(やきゅうせんしゅ) 야구선수 | **からかう** 놀리다

Grammar

1 ～という～   ～라는 ～

① 朴さんのお住まいはどちらですか。

    私は亀尾(クミ)という所に住んでいます。

② 中原さんはエバーランドという遊園地に行ったことがありますか。

③ 金さんは「SMAP」というグループを知っていますか。

> **POINT** ①의 경우는 자신이 살고 있는 곳을 말할 때 항상「～という～」를 쓰는 것이 아니라 상대가 그 지명을 모를 가능성이 있을 때에 쓴다.
> 私はソウルという所に住んでいます。(×)

2 もしかして ～じゃないですか   혹시 ～지 않습니까?

① あの人、もしかして芸能人じゃないですか。

② もしかして最近太ったんじゃないですか。

③ もしかして彼女、気があるんじゃないですか。

> **POINT** 「もしかして」는 '혹시, 어쩌면'이라는 뜻이며,「もしかして」뒤에는「～じゃないですか」외에도「～ですか」「～かもしれない」「～でしょうか」「～かな」등 다양하게 접속된다.

3 ～みたいだ   ～인 것 같다, ～처럼, ～와 같은

① 赤ちゃんみたいな肌をしていますね。

② モデルさんみたいにきれいですね。

③ ミホさん、入院したみたいなんですけど。

> **POINT** 「～みたいだ」는 회화체로 쓰이는 표현이며,「～ようだ」는 문장체와 회화체 양쪽에서 쓰이는 표현이다.

お住(す)まい 사는 곳 | **中原**(なかはら) 나카하라(사람 이름) | **遊園地**(ゆうえんち) 유원지 | **芸能人**(げいのうじん) 연예인 | **太**(ふと)**る** 살찌다 | **気**(き)**がある** 마음이 있다 | **赤**(あか)**ちゃん** 아기, 갓난아기 | **肌**(はだ) 피부 | **入院**(にゅういん) 입원

1 釜山のチャガルチ市場という所に行ったことがありますか。

① マッコリ, お酒を 飲む
　→ _____

② インサドン, 観光地に 行く
　→ _____

③ タイタニック, 映画を 見る
　→ _____

2 A：道路がぬれていますね。
　　B：もしかして夜中雨が降ったんじゃないですか。

① 彼から連絡がない, 彼に何かあった
　→ _____

② 最近彼女一緒に食事をしない, ダイエットしている
　→ _____

③ 鈴木さん、腕にギブスしている, 骨折した
　→ _____

❸ A：彼、宝くじ３億円が当たったそうなんです。
　 B：本当ですか。うそみたいな話ですね。

① 金さん, ボーリングで280が出たそう
　 プロ, レベル
　 → _____

② 近所の李さん, 大金持ちになったそう
　 夢, 話
　 → _____

③ うちの彼, いつもおしぼりで顔をふく
　 おじさん, ことをする
　 → _____

 낱말과 표현

- **チャガルチ市場**(いちば) 자갈치 시장
- **マッコリ** 막걸리
- **観光地**(かんこうち) 관광지
- **タイタニック** 타이타닉
- **道路**(どうろ) 도로
- **ぬれる** 젖다

- **夜中**(よなか) 한밤중
- **何**(なに)**かある** 무슨 일이 있다
- **ダイエット** 다이어트
- **腕**(うで) 팔
- **ギブス** 깁스
- **骨折**(こっせつ) 골절
- **宝**(たから)**くじ** 복권

- **〜億円**(おくえん) 〜억 엔
- **大金持**(おおがねも)**ち** 큰 부자
- **夢**(ゆめ) 꿈
- **おしぼり** 물수건
- **顔**(かお)**をふく** 얼굴을 닦다

 Let's Talk

1 다음 보기와 같이 「～やすい」 「～にくい」를 사용해서 대답해 봅시다.

> 보기 どんな食べ物が作りやすいと思いますか。
> → 私は卵焼きが一番作りやすいと思います。

① どんな飲み物が飲みやすいと思いますか。

→ _____

② 歯が悪い人にはどんな食べ物が食べにくいですか。

→ _____

③ 一番作りやすい料理はどんな料理ですか。

→ _____

④ ベッドと布団とどちらが寝やすいですか。

→ _____

⑤ ジーパンとチノパンとどちらが動きやすいですか。

→ _____

 낱말과 표현

卵焼(たまごや)**き** 달걀말이 | **歯**(は) 이(빨) | **ベッド** 침대 | **布団**(ふとん) 이불 | **ジーパン** 청바지 | **チノパン** 치노팬츠 | **動**(うご)**く** 움직이다 | **痛**(いた)**い** 아프다 | **虫歯**(むしば) 충치 | **鼻水**(はなみず) 콧물 | **はく** 입다(하반신) | **ゆるい** 헐겁다 | **遠**(とお)**い** 멀다 | **電話**(でんわ)**をくれる** 전화를 주다 | **先輩**(せんぱい) 선배 | **元気**(げんき)**がない** 기운이 없다

2 다음 보기와 같이 「もしかして 〜じゃないですか」를 사용해서 대답해 봅시다.

> 보기　朝から歯が痛いんですよ。
> 　　→ もしかして虫歯じゃないですか。

① 昨日から鼻水が出るんですよ。

　→ _____

② 去年はいていたズボンがゆるくなったんですよ。

　→ _____

③ 最近、遠いものがよく見えないんですよ。

　→ _____

④ 最近、彼女全然電話をくれないんですよ。

　→ _____

⑤ 田中先輩、最近元気がないんですよ。

　→ _____

틀리기 쉬운 일본어 표현

✿ 「~つもり」について

한국인 학습자들이 「~つもり」에 대해서 잘못 쓰는 경우는 주로 두 가지이다.

① 金さんは明日日本に行くつもりです。(×)

② 私は大学院に進学するつもりじゃありません。(×)

「つもり」는 화자의 개인적인 의지를 나타내는 표현이다.

그러므로 ①처럼 제3자가 주어가 되는 경우에는 쓰지 않는다.

또한 ②처럼 「つもり」를 부정형으로 표현하고 싶다면 두 가지 방법이 있다.

하나는 「~ないつもりだ」, 또 하나는 「~するつもりはない」가 된다.

따라서 ②는 「私は大学院に進学しないつもりです。」혹은 「私は大学院に進学するつもりはありません。」으로 표현할 수 있다.

LESSON 3
スポーツ

学習ポイント

- ➡ 動詞の可能形
- ➡ ～し
- ➡ ～方
- ➡ ～と言ってもいいほど
- ➡ ～というより
- ➡ ～ましょうか

 Conversation 1

Track 05

田中　李さんは何メートルぐらい泳げるんですか。

李　私ですか。実は、私、「かなづち」なんです。

田中　え、本当ですか。
　　　韓国は水泳が強いから皆泳げると思っていました。

李　私、水もこわいし、人前で私の水着姿を見せるのも嫌だし。

田中　でも、学校で習うんじゃないんですか。

李　いいえ、韓国では個人的に室内プールに行って習うのが普通です。

田中　あー、だから友達の金君と一緒にプールに行った時、泳ぎ方がきれいだったんですね。

李　え。田中さんは泳ぎ方、きれいじゃないんですか。

田中　僕は泳げるけど、泳ぎ方はめちゃくちゃですよ。

泳(およ)ぐ 수영하다 | かなづち 망치, 맥주병 | 強(つよ)い 세다, 강하다 | 皆(みんな) 모두 | こわい 무섭다 | 人前(ひとまえ) 사람 앞 | 水着姿(みずぎすがた) 수영복 차림 | 嫌(いや)だ 싫다 | 個人的(こじんてき) 개인적 | 室内(しつない)プール 실내수영장 | 普通(ふつう) 보통 | 〜君(くん) 〜군 | 僕(ぼく) 나 | 泳(およ)ぎ方(かた) 수영하는 방식(방법) | めちゃくちゃ 엉망진창

1 動詞の可能形　～할 수 있다

① 金さんは中国語が話せますか。

② この日本語を英語に訳せる人はいませんか。

③ これ以上彼を待ってません。

POINT　가능형「～れる、～られる」앞에는「が」나「を」가 들어간다.

2 ～し　　　　　　　～이고

① 私は長男だし、もう４０なので実家に戻ろうと思います。

② 李さんはほがらかだし、きれいなので男性に人気があります。

③ ダイエットに成功してやせられたし、血圧も下がったので久しぶりにお酒を飲むつもりです。

POINT　「～し、～し」는 병렬을 나타내는데, 추가하는 느낌이 강한 표현이다.

3 ～方　　　　　　　～하는 법

① 今度その料理の作り方を教えてください。

② このスマートフォンの使い方が分かりません。

③ 数学の勉強のし方はこの本に詳しく書いてあります。

POINT　「ます형＋方」로 바꿔서 쓰지만 ①처럼 '요리를 만드는 법'의 경우「料理を作り方」가 되지 않도록 유의한다.

訳(やく)す 번역하다	以上(いじょう) 이상	待(ま)つ 기다리다	長男(ちょうなん) 장남
実家(じっか) 본가, 친정	戻(もど)る 돌아가다	ほがらか 명랑하다	男性(だんせい) 남성	人気(にんき) 인기	成功(せいこう) 성공	血圧(けつあつ) 혈압	下(さ)がる 내리다	スマートフォン 스마트폰
数学(すうがく) 수학	詳(くわ)しい 자세하다

1 金さんはお好み焼きが作れますか。

① 朴さん，一人でゴムボートに乗る
→ _____

② 李さん，夜の山道を一人で歩く
→ _____

③ 申さん，オートバイの運転をする
→ _____

2 今日は金曜日だし、明日は休みなので、友達と一杯飲むつもりです。

① 今は秋，明日は給料日，週末小旅行してくる
→ _____

② 私は音痴，歌うのが嫌い，一緒にカラオケに行くのはやめる
→ _____

③ 日本語は韓国語と語順も同じ，文法も英語よりやさしい，頑張って勉強する
→ _____

3 すいません。きっぷの買い方を教えていただけないでしょうか。

① 公衆電話をかける
　→ _____

② インターネットを申し込む
　→ _____

③ 留学ビザを取る
　→ _____

- お好(この)み焼(や)き 오코노미야키
- ゴムボート 고무 보트
- 山道(やまみち) 산길
- 歩(ある)く 걷다
- 運転(うんてん) 운전
- 秋(あき) 가을
- 給料日(きゅうりょうび) 월급날
- 週末(しゅうまつ) 주말
- 小旅行(しょうりょこう) 짧은 여행
- 音痴(おんち) 음치
- 韓国語(かんこくご) 한국어
- 語順(ごじゅん) 어순
- 文法(ぶんぽう) 문법
- 頑張(がんば)って 노력해서, 분발해서
- きっぷ 표
- 公衆電話(こうしゅうでんわ) 공중전화
- 申(もう)し込(こ)む 신청하다
- 留学(りゅうがく) 유학
- ビザを取(と)る 비자를 받다

 **Conversation 2**

Track 06

田中　この前番組で見たんですけど、韓国の方は山登りが本当に好きなんですね。

李　そうですね。私も韓国にいる時は日曜日は必ずと言ってもいいほど山登りしていましたよ。

田中　山がそんなに近くにあるんですか。

李　ええ、うちから10分くらいの所に北漢山という山があるんですけど、800メートルほどなので登りやすいんですよ。田中さんは山登り、嫌いですか。

田中　嫌いというより山登りする機会がほとんどないですから。

李　じゃ、今度一緒に富士山にでも登りましょうか。

田中　え、富士山？富士山はちょっと高すぎますよ。高尾山はどうですか。

番組(ばんぐみ) 프로그램 | **山登**(やまのぼ)**り** 등산 | **北漢山** 북한산 | **機会**(きかい) 기회 | **富士山**(ふじさん) 후지산(3776m) | **登**(のぼ)**る** 오르다 | **高**(たか)**すぎる** 너무 높다 | **高尾山**(たかおさん) 다카오산(599m)

Grammar

1 ～と言ってもいいほど　　～라고 말해도 될 정도로

① 私は毎日と言ってもいいほどめん類を食べています。

② 山田さんはウォーキング・ディクショナリーと言ってもいいほど知識の多い人です。

③ 金さんは万能スポーツマンと言ってもいいほどどんなスポーツでもできます。

POINT 실제 회화에서는 「～と言っていいほど」도 많이 쓰인다.

2 ～というより　　～라기보다

① 今日の気温を見ると、秋というより冬に近いですね。

② この唐辛子は辛いというより痛いと言った方がいいです。

③ 彼の取った行動は借りたというより盗んだと言った方がよさそうです。

POINT 경우에 따라서 「～というよりは」「～というよりも」 형태로도 쓸 수 있다.

3 ～ましょうか(↗↘)　　～할까요?

① お茶でも飲みましょうか。(↘)

② 明日何時に会いましょうか。(↘)

③ 彼の引っ越し、私が手伝いましょうか。(↗)

④ 私も一緒に病院に行きましょうか。(↗)

POINT 마지막 「～か」의 억양이 내려가면 권유를 나타내고, 마지막 「～か」가 올라가면 자청을 나타낸다.

낱말과 표현

めん類(るい) 면류 | ウォーキング・ディクショナリー 만물박사 | 知識(ちしき) 지식 | 万能(ばんのう) 만능 | 気温(きおん) 기온 | 唐辛子(とうがらし) 고추 | 辛(から)い 맵다 | 痛(いた)い 아프다 | 取(と)る 취하다 | 行動(こうどう) 행동 | 借(か)りる 빌리다 | 盗(ぬす)む 훔치다 | 引(ひ)っ越(こ)し 이사 | 手伝(てつだ)う 돕다 | 病院(びょういん) 병원

LESSON 3 スポーツ

1 彼は秀才といってもいいほど勉強のできる人です。

① 金さん, プロ, ゲームがうまい
  →

② 彼女, モデル, スタイルのいい女性
  →

③ リニアモーターカー, 夢の乗り物, 期待されている乗り物
  →

2 田中さんの作ったものは料理というより芸術だと思います。

① 大金持ち, 幸せ, 不幸
  →

② 鈴木さん, バカ, 天才
  →

③ この映画, コミカル, 感動的
  →

3 寒いからストーブでもつけましょうか。

① のどがかわいた，スポーツドリンク，飲む

　→ _____

② おなかがすいた，うどん，食べる

　→ _____

③ つかれた，お風呂に，入る

　→ _____

 낱말과 표현

- **秀才**(しゅうさい) 수재
- **うまい** 잘하다
- **女性**(じょせい) 여성
- **リニアモーターカー** 자기부상열차
- **夢**(ゆめ) 꿈
- **乗**(の)**り物**(もの) 탈것, 교통수단
- **期待**(きたい)**されている** 기대되고 있다

- **芸術**(げいじゅつ) 예술
- **大金持**(おおがねも)**ち** 큰 부자
- **幸**(しあわ)**せ** 행복
- **不幸**(ふこう) 불행
- **バカ** 바보
- **天才**(てんさい) 천재
- **コミカル** 코미컬, 익살스럽다
- **感動的**(かんどうてき) 감동적
- **ストーブ** 난로

- **つける** 켜다
- **のどがかわく** 목이 마르다
- **おなかがすく** 배가 고프다
- **つかれる** 피곤하다
- **お風呂**(ふろ)**に入**(はい)**る** 목욕하다

LESSON 3 スポーツ **41**

Let's Talk

1 가능형 「〜れる、〜られる」를 사용해서 대답해 봅시다.

> 보기　自分の名前を漢字で書くことができますか。
>
> → はい、書けます。

① どんなおかずを作ることができますか。

　→ _____

② 日本の歌の中でどんな歌を歌うことができますか。

　→ _____

③ 100メートルや1500メートルをどのぐらいで走ることができますか。

　→ _____

④ 何メートルぐらい泳ぐことができますか。

　→ _____

⑤ 何秒ぐらい息をとめることができますか。

　→ _____

낱말과 표현

おかず 반찬 | 作(つく)る 만들다 | 走(はし)る 달리다 | 泳(およ)ぐ 수영하다 | 息(いき)をとめる 숨을 참다 | かっこいい 멋있다 | 国(くに) 나라 | 習(なら)う 배우다

2 다음 질문에 대답하고 그 이유에 대해서「〜し」를 사용해서 대답해 봅시다.

> 보기
> ・どんなスポーツが好きですか。
> → 私はバレーボールが好きです。
>
> ・どうして好きなんですか。
> → スピードがあるし、選手たちがかっこいいからです。

① どんなタレントが好きですか。それはどうしてですか。

→ _____

② どんな歌手が好きですか。それはどうしてですか。

→ _____

③ どんな国に行ってみたいですか。それはどうしてですか。

→ _____

④ よく見る番組は何ですか。それはどうしてですか。

→ _____

⑤ 習ってみたいスポーツは何ですか。それはどうしてですか。

→ _____

いろいろな野菜　여러가지 채소

오이	단호박	무

きゅうり	かぼちゃ	だいこん 大根

우엉	시금치	당근
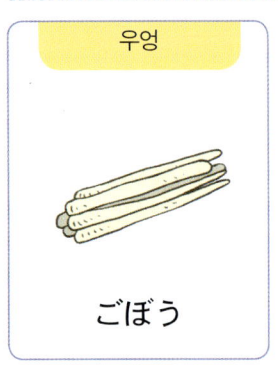		
ごぼう	ほうれん草（そう）	にんじん 人参

양파	파	표고버섯

たま 玉ねぎ	ねぎ	しいたけ

송이버섯	고추	가지
	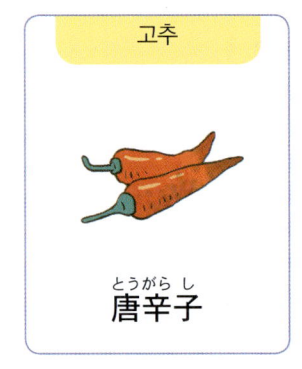	
まつたけ 松茸	とうがらし 唐辛子	なす

쉬어가기

양상추	양배추	연근
 レタス	 キャベツ	 レンコン

감자	고구마	쑥갓
 じゃがいも	 さつまいも	 しゅんぎく 春菊

배추	숙주나물	호박
 はくさい 白菜	 もやし	 ウリ

옥수수	부추	풋콩
 トウモロコシ	 ニラ	 えだまめ 枝豆

틀리기 쉬운 일본어 표현

❋ 과거형으로 표현하는 단어

한국어로는 지금의 상태(현재)를 나타내고 있는데 일본어로 말할 때에 과거로 표현되는 말들이 몇 가지 있다.

① 今日は残業をしたのでとても疲れました。

② お腹すきましたか。

③ のどが渇きましたね。何か飲み物でも飲みましょうか。

초급 회화에서는 위의 문장 표현을 그대로 외워두는 것이 좋다.
그 외에도 한국인들이 자주 잘못 쓰는 일본어가 있다.

• 이 가방 마음에 들어요?

• 마음에 드는 게 있으면 말해요.

위의 문장은「このカバン、気に入りますか。」, 「気に入る物があったら言ってください。」라고 잘못 쓰는 경우가 굉장히 많다. 하지만

④ このカバン、気に入りましたか。

⑤ 気に入った物があったら言ってください。

라고 해야 올바른 표현이다.

LESSON 4

手品と段ボール箱

学習ポイント

- ～って
- ～か
- ～ちゃう
- ～たばかり
- ～たらいい
- ～ことにする

李　　田中さん、「てじな」ってどういう意味ですか。

田中　「手品」ですか。うーん、英語で「マジック」っていう意味ですよ。

李　　あ〜、そういう意味だったんですね。
　　　韓国で「てじな」と言えば歌手の名前なんですよ。

田中　え〜、おもしろいですね。他に韓国語と日本語の発音が似ていて意味の違う言葉ってあるんですか。

李　　もちろんありますよ。たとえば田中さん、「옷장(おっちゃん)」ってどういう意味かわかりますか。

田中　「おっちゃん」ですか。日本語では「おじさん」という意味ですけど。想像がつきませんね。

李　　実は韓国語では「たんす」の意味なんですよ。

田中　わ〜、「おっちゃん」が「たんす」ですか。笑っちゃいますね。

〜って 〜란 | **意味**(いみ) 의미 | **手品**(てじな) 마술 | **他**(ほか)**に** 그밖에 | **発音**(はつおん) 발음 | **似**(に)**ている** 비슷하다 | **違**(ちが)**う** 다르다 | **言葉**(ことば) 말 | **もちろん** 물론 | **たとえば** 예를 들어 | **想像**(そうぞう)**がつかない** 상상이 안 되다 | **たんす** 옷장, 장롱 | **〜ちゃう** 〜(해)버리다

1 ～って　　　　　　　　　　　～란

① 「アグチム」ってどういう料理ですか。

② 「セクシーなポーズ」ってどういうポーズのことですか。

③ 「首」ってどういうことですか。

> **POINT**　「～って」는 원래 「～というのは」의 축약형이며 ①, ②는 '～란', ③은 '～라니'의 뜻으로 쓰였다.

2 ～か　　　　　　　　　　　～인지

① 彼がだれか知っていますか。

② シベリアがどのぐらい寒いか想像できません。

③ 彼女が出張に一緒に行くかどうかはまだ分かりません。

> **POINT**　③의 「～かどうか」 앞에 의문사가 들어갈 경우 「どうか」를 넣지 않는다.
> 예 彼がいつ日本に行くかどうか分かりません。(×)
> 　　彼がいつ日本に行くか分かりません。(○)

3 ～ちゃう　　　　　　　　　　　～해 버리다

① ホームショッピングでムービーカメラを買っちゃいました。

② 昨日ワイン２本も飲んじゃいました。

③ 待たせちゃってごめんなさい。

> **POINT**　「～てしまう」의 구어적인 표현이며, 어미가 「ぬ・む・ぶ・ぐ」로 끝날 때는 「～じゃう」로 바뀐다.

アグチム 아구찜 ｜ **首**(くび) 해고 ｜ **想像**(そうぞう) 상상 ｜ **出張**(しゅっちょう) 출장 ｜ **ムービーカメラ** 캠코더

Exercise

1
A：明日朝練なんです。
B：え、「朝練」ってどういう意味ですか。
A：あ〜、「早朝の練習」という意味ですよ。

① あそこのビルの一階にスタバがある, スタバ, スターバックス
　→ _____

② 僕、少女時代マジで好き, マジ, 本当とか本気
　→ _____

③ 最近筋トレ始めた, 筋トレ, 筋肉トレーニング
　→ _____

2
A：今度の試験、受かりそうですね。
B：いや、受かるかどうかはまだ分かりませんよ。

① 今夜雨が降る
　→ _____

② 今学期の成績、クラスでトップになる
　→ _____

③ 今回の試験うまくいく
　→ _____

❸
A：課長に事故のこと話しましたよ。
B：え、話しちゃったんですか。

① 机の上にあった薬を飲む
　→ _____

② ついに外車を買う
　→ _____

③ 彼女(彼)と別れる
　→ _____

- **早朝**(そうちょう) 조조
- **練習**(れんしゅう) 연습
- **マジ** 정말로, 진심으로
- **本気**(ほんき) 진심
- **筋**(きん)**トレ** 근육 트레이닝
- **今夜**(こんや) 오늘 밤
- **今学期**(こんがっき) 이번 학기
- **今回**(こんかい) 이번
- **うまくいく** 잘 되다
- **課長**(かちょう) 과장
- **事故**(じこ) 사고
- **薬**(くすり) 약
- **ついに** 드디어
- **外車**(がいしゃ) 외제차
- **別**(わか)**れる** 헤어지다

Conversation 2

Track 08

李	田中さん、来週の週末に引越しするんですけど、ボックスはどこに行けばありますか。
田中	え？一ヶ月前に引っ越したばかりなのに、また引っ越すんですか。
李	そうなんです。同じアパートの住人がうるさくて夜も眠れないんです。
田中	ところで、何の「ボックス」のことを言っているんですか。
李	あれですよ、あれ。果物とか野菜が入っている箱のことですよ。
田中	あ、「段ボール箱」のことを言っているんですね。 段ボール箱ならスーパーとか薬局に行けばたくさんあると思いますよ。 今度近くのスーパーに行ってみたらいいですよ。
李	あ、「段ボール箱」と言うんですね。 とにかく一度裏のスーパーに行ってみることにします。

引越(ひっこ)し 이사 | 引(ひ)っ越(こ)す 이사하다 | ボックス 박스 | ～(た)ばかり ～한 지 얼마 되지 않다, 막~했다 | 住人(じゅうにん) 거주자 | 眠(ねむ)る 자다, 잠들다 | ところで 그런데 | 果物(くだもの) 과일 | 野菜(やさい) 채소 | 箱(はこ) 상자 | 段(だん)ボール箱(ばこ) 골판지로 만든 상자 | 薬局(やっきょく) 약국 | とにかく 아무튼 | 裏(うら) 뒤쪽 | ～ことにする ～하기로 하다

Grammar

1 ～(た형)ばかり　　～한 지 얼마 되지 않다, 막 ～했다

① 私たちは去年結婚したばかりです。

② 昼ごはん、一緒にどうですか。

　さっき食べたばかりなんで。

③ 出産したばかりで、まだ病院に入院中です。

POINT　「～たばかり」 앞에 「まだ, さっき, 最近, この間, (たった)今」 등이 들어간다.

2 ～たらいい　　～하면 좋다

① 頭が痛いんです。それなら頭痛薬飲んだらいいですよ。

② のどが痛いんです。だったらのど飴でもなめたらいいんじゃないですか。

③ この電子手帳、どうやって電源をいれたらいいんですか。

POINT　「～たらいい」는 어떤 조언을 구하거나 조언을 할 때 쓰이며, 「～ばいい」로 바꿔서 쓸 수 있다.

3 ～ことにする　　～하기로 하다

① これから毎日英単語を20個ずつ覚えることにします。

② 当分の間お酒は飲まないことにしました。

③ 私は毎日30分ジョギングをすることにしています。

POINT　「～ことにする」는 결정이나 결심을 나타내는 표현이며, 「～ことにしています」는 과거의 어떤 시점에서 결심하고 지금도 그 행위를 실천하고 있는 표현이 된다.

낱말과 표현

出産(しゅっさん) 출산 | 入院中(にゅういんちゅう) 입원 중 | 頭(あたま) 머리 | のど 목 | だったら 그렇다면 | のど飴(あめ) 목캔디 | 電子手帳(でんしてちょう) 전자수첩 | 電源(でんげん)をいれる 전원을 켜다 | 英単語(えいたんご) 영어 단어 | 覚(おぼ)える 외우다 | 当分(とうぶん)の間(あいだ) 당분간

LESSON 4 手品と段ボール箱

Exercise

1
A：コーヒー、どうですか。
B：あ、さっき飲んだばかりなんで。

① 大福もち, たった今食べる
→ _____

② 今晩一杯, 最近胃炎の薬を飲み始める
→ _____

③ ガム, 昨日歯の治療する
→ _____

2
A：市役所まではどうやって行ったらいいですか。
B：地下鉄2号線に乗って行ったらいいですよ。

① ビビンバ, 食べる
　コチュジャンを入れてかき混ぜて食べる
→ _____

② 韓国の地下鉄の切符, 買う
　まず目的地を押してからお金を入れる
→ _____

③ このスマートフォン, つける
　右上のボタンを押す
→ _____

3

A : 来年の留学はどうするつもりですか。
B : 一応保留することにしました。

① 来週の社内旅行, 参加する
→ _____

② 今年のボーナス, 貯金する
→ _____

③ 卒業後, 就職する
→ _____

- **大福**(だいふく)**もち** 둥근 찹쌀떡
- **たった今**(いま) 방금
- **胃炎**(いえん) 위염
- **ガム** 껌
- **歯**(は) 이, 이빨
- **治療**(ちりょう) 치료
- **市役所**(しゃくしょ) 시청
- **地下鉄**(ちかてつ) 지하철
- **~号線**(ごうせん) ~호선
- **ビビンバ** 비빔밥
- **コチュジャン** 고추장
- **かき混**(ま)**ぜる** 뒤섞다
- **切符**(きっぷ) 표
- **目的地**(もくてきち) 목적지
- **押**(お)**す** 누르다
- **ボタン** 버튼
- **留学**(りゅうがく) 유학
- **一応**(いちおう) 일단
- **保留**(ほりゅう) 보류
- **社内**(しゃない) 사내
- **参加**(さんか) 참가
- **貯金**(ちょきん) 저금
- **卒業後**(そつぎょうご) 졸업 후
- **就職**(しゅうしょく) 취업

 Let's Talk

1 어떤 일본인이 다음과 같은 질문을 했습니다. 「～という意味ですよ」를 사용해서 대답해 봅시다.

> 보기　「ジュセヨ」ってどんな意味なんですか。
> → 「ジュセヨ」って日本語で「ください」という意味ですよ。

① 「ちゃじょんご」ってどういう意味ですか。

→ _____

② 「ちうげ」ってどういう意味ですか。

→ _____

③ 「ぴぬ」ってどういう意味ですか。

→ _____

④ 「ちま」ってどういう意味ですか。

→ _____

⑤ 「ぱじ」ってどういう意味ですか。

→ _____

 낱말과 표현

風邪(かぜ)を引(ひ)く 감기가 들다 ｜ 太(ふと)る 살이 찌다 ｜ ストレスがたまる 스트레스가 쌓이다 ｜
のどがかわく 목이 마르다

2 다음 보기와 같이 「だったら ～たらいいですよ」를 사용해서 대답해 봅시다.

> 보기 風邪を引いてしまいましたよ。
> → だったらお医者さんに行って薬をもらったらいいですよ。

① 最近5キロも太ったんです。

　→ _____

② こんなに暑いのに部屋にクーラーがないんですよ。

　→ _____

③ 野菜を安く買いたいんですが。

　→ _____

④ 最近ストレスがたまっているんですよ。

　→ _____

⑤ のどがかわいたんですけど。

　→ _____

LESSON 4 手品と段ボール箱

 틀리기 쉬운 일본어 표현

❀ 「天気」と「날씨」

「天気」를 사전에서 찾아보면 '날씨'라는 뜻이 있지만, 「天気」와 '날씨'는 분명히 쓰임에 차이가 있다.

① 今日は天気が寒いですね。(×)

위와 같은 실수를 가장 많이 하는데, 일본어에서 「天気」는 기온에 대해 언급하는 단어가 아니라 맑음, 흐림, 비, 눈과 같이 하늘의 상태를 표현하는 말이다. 따라서 天気が暑い・天気があたたかい・天気がすずしい라고 쓰지 않도록 주의해야 한다.
이 외에도 주의해야 할 점이 있다.

② 明日は天気になるかな。
　　(내일은 날씨가 좋아질까?)

③ 今日はお天気ですね。
　　(오늘은 날씨가 좋군요.)

「天気」라는 말 자체에는 '좋은 날씨'라는 뜻이 포함되어 있기 때문에 ②, ③과 같은 문장도 가능하다.

LESSON 5
文化の違い I

学習ポイント

- ➡ 自動詞と他動詞
- ➡ ～場合
- ➡ ～ないと
- ➡ ～こともある
- ➡ ～てある
- ➡ ～とか

Conversation 1

Track 09

李　　昨日の昼ごろ銭湯に行ってみたら閉まっていたんですけど、
　　　日本の銭湯って何時ごろ開くんですか。

田中　そうですね。たぶん4時ごろから開いていると思いますよ。

李　　え、そんなに遅く開けるんですか。韓国の銭湯は朝5時から
　　　やっているところもあるのに。

田中　え？朝5時？そんなに早くからやっているんですか。
　　　夜は何時までですか。

李　　普通の銭湯の場合はだいたい8時ごろまでだと思います。

田中　日本と時間帯が違うんですね。
　　　ところで李さんの家に浴室があるのにどうしてわざわざ銭湯に
　　　行くんですか。

李　　私は銭湯に行って垢を落とすのが習慣なんです。
　　　垢を落とさないと気持ち悪いんですよ。

田中　やっぱり日本とは習慣がかなり違うんですね。

銭湯(せんとう) 목욕탕 | **閉**(し)**まる** 닫히다 | **開**(あ)**く** 열리다 | **開**(あ)**ける** 열다 | **やる** 하다 | **場合**(ばあい) 경우 | **時間帯**(じかんたい) 시간대 | **浴室**(よくしつ) 욕실 | **わざわざ** 일부러 | **垢**(あか)**を落**(お)**とす** 때를 밀다 | **習慣**(しゅうかん) 습관 | **気持**(きも)**ち悪**(わる)**い** 기분이 나쁘다, 찝찝하다 | **かなり** 꽤

1 자동사・타동사

① 広場にたくさんの人が集まっています。

② イベントに参加してくれる学生を集めています。

③ 私はこの子を立派な子供に育てたいです。

④ 子供はすくすくと育っています。

> **POINT** 항상 자동사인지 타동사인지 생각하면서 회화를 해야 되며, 특히 동사의 て형으로 바꿔서 말할 때 실수가 많이 나오는 경향이 있으므로 주의한다.

2 ～場合　　　　～경우

① 5歳未満のお子様の場合は入場料が半額となります。

② 単語の意味がわからない場合は辞書を引いてください。

③ 雨が降った場合は中止となります。

> **POINT** 일본에서 境遇(きょうぐう)라는 말은 '놓여 있는 사정이나 형편'이라는 뜻으로만 쓰인다.

3 ～ないと　　　　～하지 않으면

① 明日はお弁当の日なので早く起きないといけません。

② A社には英語ができないと入れません。

③ どうするのが一番いいかは話し合ってみないとわかりません。

> **POINT** 가정형 「～と」 뒤에는 의지, 명령, 희망, 의뢰와 같은 표현이 들어갈 수 없다.

広場(ひろば) 광장 | 集(あつ)まる 모이다 | 参加(さんか) 참가 | 集(あつ)める 모으다 | 立派(りっぱ) 훌륭함 | 育(そだ)てる 키우다 | すくすくと育(そだ)つ 쑥쑥 자라다 | 未満(みまん) 미만 | 入場料(にゅうじょうりょう) 입장료 | 半額(はんがく) 반액 | 単語(たんご) 단어 | 辞書(じしょ)を引(ひ)く 사전을 찾다 | 中止(ちゅうし) 중지 | お弁当(べんとう) 도시락 | 話(はな)し合(あ)う 의논하다

1 運動って続けようと思っても、なかなか続かないものですよ。

① 体重, 落とす, 落ちる
  → _____

② 成績, 上げる, 上がる
  → _____

③ お金, ためる, たまる
  → _____

2 家族全員が参加する場合は、幹事に言ってください。

① 来週の会議に参席できない, 課長, 知らせる
  → _____

② 前回授業を欠席してプリントをもらっていない, 先生, 言う
  → _____

③ 万一故障した, サービスセンター, 持ってくる
  → _____

3 静かにしないと先生にしかられますよ。

① はやくする, バス, 乗りおくれる
   → _____

② 気をつける, 犬, かまれる
   → _____

③ 早起きする, 学校, 遅刻する
   → _____

 낱말과 표현

- 続(つづ)ける 계속하다
- 続(つづ)く 계속되다
- 体重(たいじゅう) 체중
- 落(お)とす 떨어뜨리다
- 落(お)ちる 떨어지다
- 成績(せいせき) 성적
- 上(あ)げる 올리다
- 上(あ)がる 오르다
- ためる 모으다

- たまる 모이다
- 全員(ぜんいん) 전원
- 幹事(かんじ) 간사
- 会議(かいぎ) 회의
- 参席(さんせき) 참석
- 課長(かちょう) 과장
- 知(し)らせる 알리다
- 欠席(けっせき) 결석
- 万一(まんいち) 만일

- 故障(こしょう) 고장
- しかられる 혼나다
- 乗(の)りおくれる 놓치다
- 気(き)をつける 조심하다
- かまれる 물리다
- 早起(はやお)き 일찍 일어남
- 遅刻(ちこく) 지각

LESSON 5 文化の違いⅠ

# Conversation 2

Track 10

李　　田中さん、日本人は「おでん」を普通どこで食べますか。

田中　「おでん」ですか。コンビニで食べることもありますけど、
　　　普通は家で作って食べるんじゃないですか。
　　　韓国は違うんですか。

李　　韓国は「屋台」で食べることが多いんですよ。

田中　「屋台」か。そういえば韓ドラで見ましたけど、串にさして
　　　あったあれがもしかして「おでん」なんですか。
　　　でも卵とかはんぺんとかが全くありませんでしたけど。

李　　韓国の「おでん」には卵やはんぺん等は入らないんです。
　　　それに韓国人は「しょうゆ」をつけて食べるんですよ。

田中　わ～、「しょうゆ」ですか。僕はやっぱり「からし」をつけて
　　　食べますね。じゃ、韓国の「おでん」は全然辛くないんですね。

李　　いいえ、しょうゆと一緒に唐辛子が入っていますよ。

田中　やっぱり辛いんだ。

コンビニ 편의점 | **屋台**(やたい) 포장마차 | **韓**(かん)**ドラ** '한국 드라마'의 축약형 | **串**(くし)**にさす** 꼬챙이에 꽂다 | **もしかして** 혹시 | **卵**(たまご) 달걀 | **はんぺん** 다진 생선살에 마 등을 갈아 넣고 반달형으로 쪄서 굳힌 식품 | **全**(まった)**く** 전혀 | **～等**(など) ~등 | **しょうゆ** 간장 | **つける** 바르다, 찍다 | **からし** 겨자 | **辛**(から)**い** 맵다 | **唐辛子**(とうがらし) 고추

Grammar

1 (동사의 기본형)＋こともある　　　　～인 경우도 있다

① お酒を飲みすぎると死ぬこともあります。

② いくら有名なお医者さんでも手術を失敗することもあります。

③ 真冬でも雪が降らないこともあります。

> **POINT**　경우에 따라서 「～ことがある」「～ことはある」를 쓸 수 있다.

2 타동사＋てある　　　　～해져 있다

① ビールを冷やしてあるんですけど、一杯どうですか。

② レポートはもう出してあります。

③ この倉庫には鍵がかけてあるので、だれも入ることができません。

　　cf. この部屋は鍵がかかっている。

> **POINT**　「자동사＋ている」에는 인위적인 느낌이 없지만 「타동사＋てある」에는 인위적인 느낌이 담겨 있다.

3 ～とか　　　　～라든가, ～라든지

① 私はラーメンとかが好きです。

② 彼はピアノとかギターとかを弾くのが上手です。

③ 私はたまに家で「お好み焼き」とか「たこ焼き」とか「焼きそば」とかを作って食べます。

> **POINT**　「～とか」는 원래 두 가지 이상의 내용을 나열할 때 쓰는 표현이지만 ①처럼 한 가지 내용만 표현하는 경우도 꽤 많다.

死(し)ぬ 죽다 | お医者(いしゃ)さん 의사선생님 | 手術(しゅじゅつ) 수술 | 失敗(しっぱい) 실패 | 真冬(まふゆ) 한겨울 | 雪(ゆき) 눈 | 冷(ひ)やす 차게 하다 | 倉庫(そうこ) 창고 | 鍵(かぎ)をかける 자물쇠를 잠그다 | 鍵(かぎ)がかかる 자물쇠가 잠기다 | 弾(ひ)く (악기 등을) 치다 | たこ焼(や)き 다코야키(문어빵) | 焼(や)きそば 야키소바

Exercise

1 冬は厚い服を着ないと風邪を引くことがあるので注意が必要です。

① このセーターはドライクリーニングする, 縮む

→ _____

② 週に２・３回は掃除機をかける, ダニが発生する

→ _____

③ 窓を開けて換気をする, カビが生える

→ _____

2 A：あの話、社長に言いましたか。
B：あの話はもう社長に言ってあります。

① 料理の材料を買う

→ _____

② クーラーをつける

→ _____

③ 乗り物酔いの薬を飲む

→ _____

❸ A：どんな食べ物をよく食べますか。
B：私はパンとかカップラーメンとかサンドイッチとかをよく食べます。

① サイトに入る
インターネット新聞, ヤフーオークション、日韓交流サイト
→ _____

② お酒を飲む
ビール, ワイン, マッコリ
→ _____

③ テレビ番組を見る
バラエティー番組, 連続ドラマ, 歌謡番組
→ _____

 낱말과 표현

- **厚(あつ)い** 두껍다
- **風邪(かぜ)を引(ひ)く** 감기가 들다
- **注意(ちゅうい)** 주의
- **必要(ひつよう)** 필요함
- **ドライクリーニング** 드라이클리닝
- **縮(ちぢ)む** 줄어들다
- **掃除機(そうじき)をかける** 청소기를 돌리다

- **ダニ** 진드기
- **発生(はっせい)** 발생
- **換気(かんき)** 환기
- **カビが生(は)える** 곰팡이가 피다
- **材料(ざいりょう)** 재료
- **クーラーをつける** 에어컨을 켜다
- **乗(の)り物酔(ものよ)い** 차멀미

- **日韓交流(にっかんこうりゅう)** 일한 교류
- **マッコリ** 막걸리
- **バラエティー** 버라이어티
- **連続(れんぞく)** 연속
- **歌謡(かよう)** 가요

Let's Talk

1 다음 보기와 같이 질문에 대답해 봅시다.

> 보기 宿題はもうしましたか。
> → 宿題はもうしてあります。／宿題はまだしていません。

① 今度の日本語の授業の予習はもうしましたか。

→ _____

② 車の運転免許証はもうとりましたか。

→ _____

③ 今年のインフルエンザ予防接種はもう受けましたか。

→ _____

④ この日本語の教科書はもう全部終わりましたか。

→ _____

⑤ 日本語の辞書はもう買いましたか。

→ _____

낱말과 표현

授業(じゅぎょう) 수업 | **予習**(よしゅう) 예습 | **運転免許証**(うんてんめんきょしょう) 운전면허증 | **インフルエンザ** 인플루엔자 | **予防接種**(よぼうせっしゅ) 예방접종 | **受**(う)**ける** 받다 | **教科書**(きょうかしょ) 교과서 | **ジャガイモ** 감자 | **サツマイモ** 고구마 | **国**(くに) 나라

2 다음 질문에 「～とか」를 사용해서 대답해 봅시다.

> 보기　あなたはどんな野菜が好きですか。
> → 私はジャガイモとかサツマイモなどが好きです。

① あなたはどんな国に行ってみたいですか。

→ _____

② あなたはどんな歌手の歌をよく聞きますか。

→ _____

③ あなたはどんな食べ物をよく食べますか。

→ _____

④ あなたはカラオケに行ったらどんな歌をよく歌いますか。

→ _____

⑤ あなたはタレントの中でだれが好きですか。

→ _____

틀리기 쉬운 일본어 표현

❀ 「～みたいだ、～らしい」＋「～んです」

한국인은 다른 나라 사람들보다 월등히 일본어를 잘하지만 의외로 작은 실수를 자주 한다. 그 실수 중 하나가 바로 「～みたい、～らしい」를 「～んです」나 「～んですけど」에 연결할 때 일어난다.

① 実は田中さん、最近離婚した (a.みたいなんです　b.みたいんです)

② 彼女最近ちょっと彼氏ができた (a.らしいなんです　b.らしいんです)

①은 a.みたいなんです가 정답이고 ②는 b.らしいんです가 정답이다.

「～みたい」는 「きれいだ」처럼 「だ」로 끝나기 때문에 な형용사처럼 활용해야 한다. 한편 「～らしい」는 い형용사처럼 활용하기 때문에 「～んです」를 바로 연결한 것이다.

그렇다면 '한번 일본에 가보고 싶은데 혼자서 가도 위험하지 않을까요?'는 어떻게 표현하면 될까?

「一度日本へ行ってみたいんですけど、一人で行っても危なくないでしょうか。」

처럼 「みたい」는 「みる」와 「たい」가 합쳐진 표현이므로 「みたい」 뒤에 바로 「んです」를 연결하면 된다.

LESSON 6
言葉の意味の違いⅠ

学習ポイント

- ➡ ～しなくてはいけない
- ➡ ～ておく
- ➡ ～だったら
- ➡ ～ばかり
- ➡ ～そうにない
- ➡ どちらかというと

Track 11

田中　李さん、昨日「後で電話する」と言ったのに、どうして電話してくれなかったんですか。

李　え？日本では「後で電話する」と言ったら、その日のうちにしなくてはいけないんですか。

田中　当たり前ですよ。そうしないと信用を失ってしまいますよ。

李　すみません。
韓国語的な表現になってしまいました。ごめんなさい。

田中　え。韓国語では「後で電話します」と言っておいて、その日のうちに電話しなくても大丈夫なんですか。

李　韓国語に「ナジュンエ」という「あとで」と似ている単語があるんですけど、その単語だったら大丈夫なんです。

後(あと)で 나중에, 이따가 ｜ 当(あ)たり前(まえ) 당연하다 ｜ 信用(しんよう) 신용 ｜ 失(うしな)う 잃다 ｜ 表現(ひょうげん) 표현 ｜ 似(に)ている 비슷하다

Grammar

1 ～しなくてはいけない　　～하지 않으면 안 된다

① 医者：今日から当分の間、薬を飲まなくてはいけませんね。

② (お母さんが子供に) ユナちゃん、ごみはごみ箱に捨てなくちゃいけないのよ。

③ 私は今日約束があるので、今から新宿に出かけなくてはいけません。

POINT ①, ②는 상대방에게 어떤 행위를 재촉할 때 쓰이고 있으며, ③은 자신이 할 행위에 대해서 말하고 있는 경우이다.

2 ～ておく　　～해 놓다

① 今日お客さんが来るので食材を買っておきました。

② 来週日本に出張するのでホテルの予約をしておきました。

③ 午後の会議のために書類を整理しておいてください。

POINT 「～ておく」는 '어떤 목적을 위해서 미리 한다'는 뜻으로 쓰인다.

3 ～だったら　　～라면

① 田中さんだったらこの問題を解けるかも知れません。

② 歯が痛いんだったら一日も早く歯医者さんに行った方がいいですよ。

③ 彼にお願いしてもだめだったら諦めます。

④ 顔のほくろが気になるんだったら病院でとってもらったらどうですか。

POINT 「だったら」는 「なら」와 같은 의미지만 회화체에서만 사용된다.

낱말과 표현

医者(いしゃ) 의사 | **当分**(とうぶん)**の間**(あいだ) 당분간 | **ごみ** 쓰레기 | **ごみ箱**(ばこ) 쓰레기통 | **捨**(す)**てる** 버리다 | **食材**(しょくざい) 요리 재료 | **書類**(しょるい) 서류 | **整理**(せいり) 정리 | **解**(と)**く** 풀다 | **歯**(は) 이 | **歯医者**(はいしゃ)**さん** 치과, 치과의사 | **諦**(あきら)**める** 포기하다 | **顔**(かお) 얼굴 | **ほくろ** 점 | **気**(き)**になる** 신경이 쓰이다 | **とる** 빼다

LESSON 6 言葉の意味の違い I

Exercise

1 明日面接があるので、東京まで行かなくてはいけません。

① １０キロも太る，体重を落とす
→ _____

② 車が故障する，整備工場に預ける
→ _____

③ 明日試験がある，徹夜する
→ _____

2 もうすぐクリスマスなのでケーキの予約をしておきました。

① 今日山に登る，虫除けの薬をぬる
→ _____

② 蚊が多い，電子蚊取りをつける
→ _____

③ 来週海水浴をする，ビキニを買う
→ _____

3 寒いんだったら暖房をつけたらどうですか。

① 気持ちが悪い, 少し休む
→ _____

② 風邪をひく, 近くの病院に行く
→ _____

③ 塾に通うのが面倒, やめる
→ _____

낱말과 표현

- 面接(めんせつ) 면접
- 太(ふと)る 살찌다
- 体重(たいじゅう) 체중
- 落(お)とす 떨어뜨리다
- 故障(こしょう)する 고장나다
- 整備工場(せいびこうじょう) 정비공장
- 預(あず)ける 맡기다

- 徹夜(てつや) 철야
- 虫除(むしよ)けの薬(くすり) 모기퇴치약
- ぬる 바르다
- 蚊(か) 모기
- 電子蚊取(でんしかと)り 전자모기향
- つける 켜다

- 海水浴(かいすいよく) 해수욕
- 暖房(だんぼう) 난방
- 気持(きも)ちが悪(わる)い 구역질이 나다, 몸이 좋지 않다
- 風邪(かぜ)をひく 감기가 들다
- 塾(じゅく) 학원
- 面倒(めんどう) 귀찮다

Conversation 2

Track 12

李	わー、おいしい。仕事帰りの一杯って最高ですよね。
田中	本当。夏は毎日ビールばかり飲んでいますよ。
李	田中さんって、どのぐらい飲めるんですか。
田中	そうですね。ビールだったら朝まで飲めると思いますよ。
李	わー、そんなに強いんですか。私も弱くはない方ですけど、朝までは飲めそうにないですね。田中さんって、仕事もできるし、お酒も強いし、スポーツマンだし、八方美人ですね。
田中	え?「八方美人」?「八方美人」ってこういう時に使う言葉じゃないですよ。どちらかと言うと日本では悪い意味ですよ。
李	あら、そうだったんですか。すいません。これからは気をつけます。

仕事帰(しごとがえ)り 회사에서 돌아오는 길 | **最高(さいこう)** 최고 | **強(つよ)い** 세다 | **弱(よわ)い** 약하다 | **八方美人(はっぽうびじん)** 두루춘풍 | **気(き)をつける** 조심하다

Grammar

1 ～ばかり   ~만, ~뿐

① 鈴木さんはウソをついてばかりいます。

② リハーサルが終わったので後は本番を待つばかりです。

③ お母さんはいつもお姉ちゃんばっかりかわいがって。

POINT 「ばかり」의 용법은 주로 '명사+ばかり', '동사+ばかり', 'て형+ばかりいる'로 사용되며, 회화체에서는 「ばっかり」가 쓰이기도 한다.

2 ～そうにない   ~일 것 같지 않다

① 夕方までに雨がやみそうにもないですね。

② 李さん、今日は来そうもないですね。

③ 新しくできたスーパー、あまり安そうではないですね。

POINT 앞에 동사가 들어갈 경우 「～そうにない」, 「～そうにもない」, 「～そうもない」의 세 가지가 가능하며, 앞에 형용사가 들어갈 경우에는 「～そうではない」로 표현한다.

3 どちらかというと   어느 쪽인가 하면

① 東洋人はどちらかというと実際の年齢より若く見られます。

② 中華料理はどちらかというと脂っこい料理が多いと思います。

③ 彼の第一印象はどちらかというと冷たい感じでした。

POINT 회화체에서는 「どっちかっていうと」가 되며, 「どちらかといいますと」로 하면 더 정중한 표현이 된다.

낱말과 표현

ウソをつく 거짓말을 하다 | リハーサル 리허설 | **本番**(ほんばん) 본방 | かわいがる 귀여워하다 | やむ 그치다 | **東洋人**(とうようじん) 동양인 | **実際**(じっさい) 실제 | **年齢**(ねんれい) 연령 | **若**(わか)い 젊다 | **中華料理**(ちゅうかりょうり) 중화요리 | **脂**(あぶら)っこい 느끼하다 | **第一印象**(だいいちいんしょう) 첫인상 | **冷**(つめ)たい 차갑다

LESSON 6 言葉の意味の違いⅠ | 77

1　うちの子は甘い物を食べてばかりいます。

① 佐藤さん, 先生から叱られる

→ _____

② うちの父, 毎日釣りをする

→ _____

③ 生まれたばかりの赤ん坊, 泣く

→ _____

2　昨日送った郵便物は今日中に着きそうにないです。

① 警察官になるという夢, 実現できる

→ _____

② 彼女との約束, 守れる

→ _____

③ 心の傷, 一生消える

→ _____

3 妹はどちらかというと積極的な性格です。

① 鈴木君, 真面目な方ではない
→ _____

② 日本人, 少食の人が多い
→ _____

③ 私, 演歌の方が得意
→ _____

 낱말과 표현

- 叱(しか)られる 혼나다
- 釣(つ)り 낚시
- 生(う)まれる 태어나다
- 赤(あか)ん坊(ぼう) 갓난아기
- 泣(な)く 울다
- 郵便物(ゆうびんぶつ) 우편물
- 着(つ)く 도착하다
- 警察官(けいさつかん) 경찰관
- 夢(ゆめ) 꿈
- 実現(じつげん) 실현
- 約束(やくそく) 약속
- 守(まも)る 지키다
- 心(こころ) 마음
- 傷(きず) 상처
- 一生(いっしょう) 평생
- 消(き)える 사라지다
- 積極的(せっきょくてき) 적극적임
- 鈴木(すずき) 스즈키(사람 이름)
- 真面目(まじめ) 성실함
- 少食(しょうしょく) 소식
- 演歌(えんか) 트로트
- 得意(とくい) 잘하다

Let's Talk

① 다음 보기와 같이 「~だったら ~たらどうですか」로 조언해 봅시다.

> 보기　とても暑いですね。
>
> → 暑いんだったらクーラーつけたらどうですか。

① 今とても眠いです。

　→ _____

② ちょっと頭が痛いんですが。

　→ _____

③ とてものどが渇きました。

　→ _____

④ とてもお腹がすきました。

　→ _____

⑤ 私、田中さんのことが好きなんです。

　→ _____

낱말과 표현

眠(ねむ)**い** 졸리다 | **頭**(あたま)**が痛**(いた)**い** 머리가 아프다 | **のどが渇**(かわ)**く** 목이 마르다 | **ケガ** 상처, 부상 | **治**(なお)**る** 낫다 | **お弁当**(べんとう) 도시락 | **全部**(ぜんぶ) 전부 | **マスター** 마스터 | **運転免許**(うんてんめんきょ) 운전면허 | **取**(と)**る** 따다 | **新曲**(しんきょく) 신곡 | **ヒット** 히트

❷ 다음 보기와 같이 「～そうにない」를 사용해서 대답해 봅시다.

> 보기　今日中にレポート終わるでしょうか。
>
> →　いや、今日中には終わりそうにないですね。

① 彼のケガ、早く治るでしょうか。

　　→ _____

② こんなにたくさんのお弁当、全部食べられるでしょうか。

　　→ _____

③ 日本語を一年でマスターできるでしょうか。

　　→ _____

④ 運転免許、一ヶ月で取れるでしょうか。

　　→ _____

⑤ 歌手Aさんの新曲、ヒットするでしょうか。

　　→ _____

いろいろなキッチン用品 여러가지 주방용품

- ① フライパン 프라이팬
- ② 鍋(なべ) 냄비
- ③ 包丁(ほうちょう) 식칼
- ④ まな板(いた) 도마
- ⑤ 食器洗剤(しょっきせんざい) 주방세제
- ⑥ しゃもじ 주걱
- ⑦ おたま 국자
- ⑧ たわし 수세미
- ⑨ ふきん 행주
- ⑩ キッチンタオル 키친타월

- ⑪ 果物(くだもの)ナイフ　과일칼
- ⑫ 計量(けいりょう)スプーン　계량 스푼
- ⑬ 箸(はし)　젓가락
- ⑭ スプーン　스푼
- ⑮ フォーク　포크
- ⑯ 栓抜(せんぬ)き　병따개
- ⑰ 菜箸(さいばし)　요리용 젓가락
- ⑱ お皿(さら)　접시
- ⑲ はしおき　젓가락 받침
- ⑳ スライサー　채칼

틀리기 쉬운 일본어 표현

❀ 추량의 「でしょう」, 확인의 「でしょ(う)」

「でしょう」의 용법에는 두 가지 기능이 있는데 그 기능에 따라서 억양도 달라진다.

① 明日は雨が降るでしょう。(→)
　(내일은 비가 내리겠죠.)

② 彼ならきっと成功するでしょう。(→)
　(그라면 꼭 성공하겠죠.)

③ たぶん木村さんは今度の旅行には行かないでしょう。(→)
　(아마 기무라 씨는 이번 여행에 가지 않겠죠.)

④ 駅前にコンビニがあるでしょ(う)。(↗)　あそこ、つぶれたそうだよ。
　(역 앞에 편의점이 있죠? 거기, 망했대.)

⑤ 今日は10日でしょ(う)。(↗)
　(오늘은 10일이죠?)

⑥ 今度の社内旅行一緒に行くでしょ(う)。(↗)
　(이번 사내 여행 같이 갈 거죠?)

①, ②, ③은 추량을 나타내는 「〜でしょう」로, 추량을 나타낼 때는 「でしょう」의 억양을 올리지 않고 길게 옆으로 흘리듯이 발음한다.

한편 ④, ⑤, ⑥은 확인하는 뜻을 나타내는 「〜でしょう」인데, 회화체에서는 대부분 「でしょ」라고 억양을 올리면서 짧게 발음한다.

LESSON 7
言葉の意味の違いⅡ

気分が悪い…

学習ポイント

- ➡ ～ようにする
- ➡ ～に対して
- ➡ ～によって
- ➡ ～じゃなくて
- ➡ ～について
- ➡ なかなか ～ない

Conversation 1

Track 13

李 　　　うちの部署の高橋君にどうして昨日欠勤したのか聞いたら、「ちょっと気分悪かったので」って言われたんですよ。

田中　　え、それが何か。

李 　　　気にしない**ように している**んですけど、どうしても気になっちゃって。
　　　　彼**に対して**何か悪いことでもしちゃったのかなって。

田中　　その「気分が悪い」って、ただ「コンディションが悪い」っていう意味で言っただけじゃないですか。

李 　　　え？「気分が悪い」って「体の調子が悪い」っていう意味があるんですか。

田中　　もちろん。場合**によっては**「気持ちが悪い」ということもありますけどね。

李 　　　そうだったんですか。ちょっと考えすぎでしたね。

部署(ぶしょ) 부서 | **欠勤**(けっきん) 결근 | **気分**(きぶん) 기분, 컨디션 | **気**(き)**にする** 신경쓰다 |
気(き)**になる** 신경이 쓰이다 | **コンディション** 컨디션 | **調子**(ちょうし) 상태 | **場合**(ばあい) 경우 |
考(かんが)**えすぎ** 지나치게 생각하는 일

1 〜ようにする　　〜하도록 하다

① できるだけお酒は飲まないようにしています。

② この荷物の上に物を載せないようにしてください。

③ 私は朝8時までに出勤するようにしています。

> **POINT** 「〜ようにする」는 '그렇게 하도록 노력한다'는 뜻으로 쓰인다.

2 〜に対して　　〜에게, 〜에 대해서

① 職員は上司に対して抗議しました。

② 彼はいつも彼女に対して冷たい態度を取ります。

③ 水400グラムに対して卵一個と小麦粉大さじ2杯を入れてください。

> **POINT** 명사를 수식할 때에는「〜に対しての」와「〜対する」양쪽 다 쓸 수 있다.

3 〜によって　　〜으로 인하여, 〜에 따라서, 〜에 의해서

① 大雪によって都市の機能がマヒした。

② 試験の結果によっては卒業ができない人が出るかも知れません。

③ 語学は努力によっていくらでも上達する。

> **POINT** 「〜によって」를「〜について」로 하지 않도록 주의한다.

荷物(にもつ) 짐 | 載(の)せる 싣다 | 職員(しょくいん) 직원 | 上司(じょうし) 상사 | 抗議(こうぎ) 항의 | 態度(たいど) 태도 | 取(と)る 취하다 | 卵(たまご) 달걀 | 小麦粉(こむぎこ) 밀가루 | 大(おお)さじ 큰 술 | 大雪(おおゆき) 대설 | 都市(とし) 도시 | 機能(きのう) 기능 | マヒ 마비 | 結果(けっか) 결과 | 語学(ごがく) 어학 | 努力(どりょく) 노력

1 私は飲み会の時は飲み過ぎないようにしています。

① 雪が降る, 車の運転をする
→ _____

② 風邪気味, お風呂に入る
→ _____

③ 海水浴をする, 日焼けする
→ _____

2 田中先生に対して反抗しない方がいいですよ。

① 親, 口答えしない
→ _____

② お年寄り, 座席を譲る
→ _____

③ 社長の意見, 逆らわない
→ _____

3 この食堂は日によって定食メニューが変わります。

① 食べ物の好み, 人, 違う
   → _____

② 町, 落雷, 一時停電になった
   → _____

③ チリの人々, 地震, 多くのものを失った
   → _____

 낱말과 표현

- **飲(の)み過(す)ぎ** 과음
- **風邪気味(かぜぎみ)** 감기기운
- **お風呂(ふろ)に入(はい)る** 목욕하다
- **海水浴(かいすいよく)** 해수욕
- **日焼(ひや)け** 햇볕에 탐
- **反抗(はんこう)** 반항
- **口答(くちごた)え** 말대꾸
- **お年寄(としよ)り** 노인
- **座席(ざせき)** 좌석
- **譲(ゆず)る** 양보하다
- **意見(いけん)** 의견
- **逆(さか)らう** 거역하다, 반항하다
- **定食(ていしょく)** 정식
- **落雷(らくらい)** 낙뢰
- **一時停電(いちじていでん)** 일시 정전
- **チリ** 칠레
- **地震(じしん)** 지진
- **失(うしな)う** 잃다

Conversation 2

Track 14

田中	李さん、どうしたんですか。メールしても全然返事もないし。心配しましたよ。
李	すみません。最近ちょっと痛かったんです。
田中	え？痛かった？どこがですか。
李	どこがって。体ですよ。
田中	もしかして事故にでもあったんですか。
李	いいえ、ただ調子が悪かっただけです。
田中	李さん。だったら「痛い」じゃなくて、「体の調子が悪かった」って言った方がいいですよ。
李	あ〜、そうだったんですね。いつも私のコパニーズについての指摘、ありがとう。私の日本語、なかなか上達しないな。
田中	あのー、「コパニーズ」って。

全然(ぜんぜん) 전혀 | **返事**(へんじ) 답장, 대답 | **心配**(しんぱい) 걱정 | **痛**(いた)**い** 아프다 | **事故**(じこ) 사고 | **指摘**(してき) 지적 | **上達**(じょうたつ)**する** 향상되다 | **コパニーズ** 한국식 일본어(Korean+Japanese의 합성어)

Grammar

1 ～じゃなくて　　　～이 아니라, ～한 게 아니라

① 私は中国人じゃなくて、韓国人です。

② 北海道は暖かいんじゃなくて、寒いんです。

③ 私はシュートが下手なんじゃなくて、ドリブルが下手なんです。

④ 私はタイに旅行で行ったんじゃなくて、出張で行ったんです。

POINT 「～じゃなくて」는 「～ではなくて」로 바꿀 수 있으며, 「～じゃないで」로 쓰지 않도록 주의한다.

2 ～について　　　～에 대해서

① 日本のお雑煮の作り方について日本の友達に聞きました。

② ベートーベンについて調べて、次の時間に発表してください。

③ 来月社内旅行に行くことについてどう思いますか。

POINT 명사를 수식할 때에는 「～について」 뒤에 「の」를 넣고 연결해야 하며, 「～についた」로 쓰지 않도록 한다.

3 なかなか ～ない　　　좀처럼 ～지 않다

① 新しく住むアパートを探しましたが、なかなか見つかりませんでした。

② 20年吸ってきたタバコをやめるのはなかなか簡単なことではありません。

③ 先月ケガをした人差し指がなかなか治りません。

POINT 「なかなか」의 긍정형은 '제법, 꽤, 상당히'라는 뜻이다.

낱말과 표현

北海道(ほっかいどう) 홋카이도 | 出張(しゅっちょう) 출장 | お雑煮(ぞうに) 일본식 떡국 | ベートーベン 베토벤 | 調(しら)べる 조사하다 | 発表(はっぴょう) 발표 | 社内旅行(しゃないりょこう) 사내 여행 | 探(さが)す 찾다 | 見(み)つかる 발견되다 | 吸(す)う (담배를) 피우다 | やめる 끊다, 그만두다 | ケガをする 다치다 | 人差(ひとさ)し指(ゆび) 집게손가락 | 治(なお)る (병이) 낫다

1

A：昨日飲み会があったんですか。
B：いいえ、飲み会じゃなくて食事会があったんです。

① 今日松井さんに会う, 増井さんに会う

　→ _____

② 金さんと李さんのお二人は来年結婚する, 再来年結婚する予定

　→ _____

③ 中村さんは腰が悪い, ひざが悪い

　→ _____

2

A：日本の歴史についてよく知っていますか。
B：いいえ、日本の歴史についてはよく知りません。

① 今日の午後の会議, 聞いている, 全く聞いていない

　→ _____

② 韓流のタレント, 何か情報がある, ほとんど情報が入ってこない

　→ _____

③ 日本人の引きこもり, 聞いたことがある, 全然聞いたことがない

　→ _____

3
A：英会話、うまくなりましたか。
B：いいえ、なかなかうまくならないんです。

① 頭痛, 治る
   → _____

② おじいちゃんの具合, よくなる
   → _____

③ あの数学の問題, 解けた
   → _____

 낱말과 표현

- **飲(の)み会(かい)** 술을 마시는 모임
- **食事会(しょくじかい)** 식사를 하는 모임
- **松井(まつい)** 마츠이(사람 이름)
- **増井(ますい)** 마스이(사람 이름)
- **再来年(さらいねん)** 내후년
- **腰(こし)** 허리
- **ひざ** 무릎
- **歴史(れきし)** 역사
- **会議(かいぎ)** 회의
- **韓流(はんりゅう, かんりゅう)** 한류
- **情報(じょうほう)** 정보
- **引(ひ)きこもり** 은둔형 외톨이
- **英会話(えいかいわ)** 영어 회화
- **頭痛(ずつう)** 두통
- **具合(ぐあい)** 상태
- **数学(すうがく)** 수학
- **解(と)く** 풀다

Let's Talk

1 다음 보기와 같이「～によって違います」를 사용해서 대답해 봅시다.

> 보기 いつも丁寧な言葉で話しますね。
>
> → 時と場合によって話し方は違いますよ。

① 韓国のキムチはどこに行っても同じ味なんですか。

→ _____

② 韓国の方はみんな標準語を使うんですか。

→ _____

③ 韓国のロッテリアはどこも24時間営業なんですか。

→ _____

④ 韓国のテレビに出るタレントはみんなやせていますね。

→ _____

⑤ 韓国の男性はみんな軍隊に行くんですか。

→ _____

낱말과 표현

丁寧(ていねい) 정중함 | **標準語**(ひょうじゅんご) 표준어 | **24時間営業**(にじゅうよじかんえいぎょう) 24시간 영업 | **タレント** 탤런트 | **軍隊**(ぐんたい) 군대 | **父母**(ふぼ) 부모

2 다음 보기와 같이 「～じゃなくて」를 사용해서 대답해 봅시다.

> 보기　今日は水曜日ですか。
> → いいえ、水曜日じゃなくて火曜日ですよ。

① 「コカルビ」は焼肉なんですか。

→ _____

② カンホドンは歌手ですか。

→ _____

③ ヘウンデは蔚山(ウルサン)の方にあるんですか。

→ _____

④ 「チャンピオン」という歌は金ジャンフンの歌ですか。

→ _____

⑤ 父母の日は6月8日ですか。

→ _____

틀리기 쉬운 일본어 표현

❋ 「気分が悪い」と「気持ちが悪い」

일본어와 한국어는 비슷한 표현이 많이 있지만, 전혀 다른 뜻을 나타내는 경우도 있다.

① 友達に「バカ」と言われて気分が悪い。
(친구에게 바보라는 소리를 듣고 기분이 나쁘다.)

② 今日は朝から何となく気分が悪いので学校に行かなかった。
(오늘은 아침부터 몸 상태가 나쁘기 때문에 학교에 가지 않았다.)

③ 船酔いで気分が悪くなった。(＝気持ちが悪くなった)
(뱃멀미 때문에 구역질이 났다.)

④ ミミズ、気持ち悪い。
(지렁이는 징그럽다.)

⑤ 男が女装するなんてちょっと気持ち悪いよね。
(남자가 여장하다니 좀 징그럽네.)

①은 정신적으로 기분이 나빠서 화가 난 상태를 나타내고 있고 ②는 컨디션이 좋지 않다는 뜻으로 쓰이고 있다.

③은 토하고 싶은 상태가 되었을 때 쓰는 표현이지만, 이 경우는 「気分が悪い」와 「気持ちが悪い」 양쪽 다 쓸 수 있다.

④와 ⑤는 징그럽게 느껴진 것을 나타내고 있다.

LESSON 8
マナー

学習ポイント

- ➡ 〜ているところ
- ➡ 〜しかない
- ➡ 〜される（受け身）
- ➡ 〜たところ
- ➡ 〜られる（受け身）
- ➡ 〜ようで

 **Conversation 1**

李	昨日急性腸炎で友達の水野さんが入院したので、お見舞いに何を持っていこうか考えているところなんです。
田中	急性腸炎ですか。それは大変でしたね。 で、候補は考えたんですか。
李	腸炎だから食べ物はだめなので、やっぱり花か鉢植えの木でも買っていくしかないと思っているんですけど。
田中	うーん、鉢植えの木は絶対やめたほうがいいですね。
李	え？どうしてなんですか。
田中	日本では「根が付く」が「寝付く」という発音と同じなので昔からあまり病気見舞いには向いていないんです。 シクラメンなどもタブー視されていますね。
李	わー、結構難しいんですね。お見舞いって。

急性腸炎(きゅうせいちょうえん) 급성 장염 | **入院**(にゅういん) 입원 | **お見舞**(みま)**い** 병문안 | **候補**(こうほ) 후보 | **花**(はな) 꽃 | **鉢植**(はちう)**え** 화분에 심음 | **絶対**(ぜったい) 절대 | **根**(ね)**が付**(つ)**く** 뿌리가 내리다 | **寝付**(ねつ)**く** 병으로 눕다 | **発音**(はつおん) 발음 | **病気**(びょうき) 병 | **向**(む)**いていない** 적합하지 않다, 어울리지 않다 | **シクラメン** 시클라멘 (꽃 이름) | **タブー視**(し)**される** 터부시되다, 금기시되다

Grammar

1 ～ているところ　　～하고 있는 중

① どこの生命保険に入ろうか迷っているところです。

② 父は今お風呂に入っているところです。

③ 大学のレポートを書くためにアンケート調査をしているところです。

POINT 「～ているところ」를 「～ている中(ちゅう)」로 잘못 쓰지 않도록 주의한다.

2 ～しかない　　～밖에 없다

① お小遣いがあと500円しかありません。

② 私は高2ですが、身長が143センチしかありません。

③ 入試まであと100日しか残っていません。

POINT 「～だけない」로 잘못 쓰지 않도록 주의한다.

3 ～される(수동형)　　～되다

① 根岸先生の研究はこれからも注目されるでしょう。

② わさびは韓国でも栽培されています。

③ 日本では子供手当ての支給が2010年から実施されています。

POINT 「発展(はってん)발전」、「普及(ふきゅう)보급」、「進歩(しんぽ)진보」처럼 する가 들어감으로써 자동사가 되는 동사의 경우에는 「される」를 쓰지 않는다.

生命保険(せいめいほけん) 생명보험 | 迷(まよ)う 망설이다 | アンケート調査(ちょうさ) 설문조사 | お小遣(こづか)い 용돈 | 身長(しんちょう) 신장 | 入試(にゅうし) 입시 | 根岸(ねぎし) 네기시(사람 이름) | 研究(けんきゅう) 연구 | 注目(ちゅうもく) 주목 | 栽培(さいばい) 재배 | 子供手当(こどもてあ)て 육아수당 | 支給(しきゅう) 지급 | 実施(じっし) 실시

1 妹は今二階で勉強しているところです。

① 母, 病院で父の看病をする
→ _____

② 弟, 大学4年生で就職活動をする
→ _____

③ 私, 現在は無職で仕事を探している
→ _____

2 かさを持って出かけなかったので、かさを買うしかありません。

① 家に自転車を置いてきてしまった, 歩いて帰る
→ _____

② お酒を飲んでしまった, 代行運転を頼む
→ _____

③ 足首をくじいてしまった, 体育の時間は休む
→ _____

❸ この雑誌ではアフリカ難民の子供たちが紹介されています。

① この家は震度6の地震にも耐えられるように設計する

→ _____

② 日本のハイブリッドカーは1997年から販売する

→ _____

③ この事故のニュースは地方新聞でも報道する

→ _____

 낱말과 표현

- 看病(かんびょう) 간병
- 就職活動(しゅうしょくかつどう) 취직 활동
- 現在(げんざい) 현재
- 無職(むしょく) 무직
- 探(さが)す 찾다
- かさ 우산
- 置(お)く 두다

- 代行運転(だいこううんてん) 대리운전
- 頼(たの)む 부탁하다
- 足首(あしくび) 발목
- くじく 삐다
- 体育(たいいく) 체육
- 難民(なんみん) 난민
- 紹介(しょうかい) 소개
- 震度(しんど) 진도

- 地震(じしん) 지진
- 耐(た)える 견디다
- 設計(せっけい) 설계
- ハイブリッドカー 하이브리드 자동차
- 販売(はんばい) 판매
- 事故(じこ) 사고
- 地方(ちほう) 지방
- 報道(ほうどう) 보도

LESSON 8 マナー

Track 16

田中	李さん、どうしたんですか。そんなに息を切らして。
李	待ち合わせ時間に遅れるかと思って、走ってき**たところ**なんです。
田中	そんなに急いで来なくてもよかったのに。まだ7時5分前ですよ。
李	でも、日本でも韓国でも時間に遅れると**嫌がられ**ますから。
田中	まあ、それはそうですけどね。じゃ、何か食べに行きましょう。

(うなぎ屋で)

田中	李さん、日本も韓国も箸を使いますけど、食事のマナーでは何か違うところがあるんですか。
李	もちろん、ありますよ。日本では食べ物を箸でつまんで、自分の箸から他人の箸へ渡すことは縁起が悪いと言いますけど、韓国では大丈夫なんですよ。 逆に韓国ではお茶碗を持って食べるのはだめです。
田中	え？本当ですか。それは意外ですね。 習慣やマナーって似ている**ようで**違うんですね。

息(いき)を切(き)らす 숨이 헐떡거리다 | 待(ま)ち合(あ)わせ時間(じかん) 약속 시간 | 遅(おく)れる 늦다 | 急(いそ)ぐ 서두르다 | 嫌(いや)がる 싫어하다 | 箸(はし) 젓가락 | つまむ 집다 | 渡(わた)す 건네주다 | 縁起(えんぎ)が悪(わる)い 재수 없다 | 逆(ぎゃく)に 반대로 | お茶碗(ちゃわん) 밥그릇 | 意外(いがい) 의외 | 習慣(しゅうかん) 습관 | 似(に)ている 비슷하다

Grammar

1 ～たところ　　　　　　막 ～했다, ～한 지 얼마 되지 않다

① 今、彼からの郵便物が着いたところです。

② ちょっと前にその知らせを聞いたところです。

③ 試合はたった今終了したところです。

> **POINT** 「～たところ」는 동작이 끝난 직후를 나타내는 말이기 때문에 「昨日, 去年, 一ヶ月前」와 같은 지금보다 떨어진 과거를 나타낸 말과 같이 쓰이지 않는다.

2 ～られる(수동형)

① 財布の中に入れておいた彼女の写真を友達に見られてしまいました。

② 後で食べようと思って冷蔵庫にしまっておいたケーキを妹に食べられてしまいました。

③ 大切な本を母に捨てられてしまいました。

> **POINT** 수동형 「～られる」 앞에 있는 「～に」 앞에 동작주가 들어간다.

3 ～ようで　　　　　　～인 것 같으면서도

① このソフトドリンクはお酒のようでお酒じゃありません。

② この事件は容疑者とは全く関係ないようで実は深い関係があった。

③ 韓国人と中国人は顔つきが同じようで全然違います。

> **POINT** 의미에 따라서는 「～そうで」로 바꿔서 쓴다.
> 예) この問題は解けそうで解けない。

낱말과 표현

郵便物(ゆうびんぶつ) 우편물 | 知(し)らせ 소식 | 試合(しあい) 시합 | 終了(しゅうりょう) 종료
財布(さいふ) 지갑 | 冷蔵庫(れいぞうこ) 냉장고 | 捨(す)てる 버리다 | ソフトドリンク 소프트 드링크
事件(じけん) 사건 | 容疑者(ようぎしゃ) 용의자 | 顔(かお)つき 얼굴 생김새

1 ちょうど今空港に到着したところです。

① たった今警察から連絡が来る
　→ _____

② 今ちょうど車を手配する
　→ _____

③ 今入国手続きが終わる
　→ _____

2 先生は私をしかりました。
　→ 私は先生にしかられてしまいました。

① 犬が弟の腕をかみました。(기본형＝かむ)
　→ _____

② 友達がコーヒーをこぼしました。(기본형＝こぼす)
　→ _____

③ 相手のチームの選手が膝を蹴りました。(기본형＝ける)
　→ _____

❸ 金さんは太っているようで実は太っていません。

① 人間関係は簡単だ
　→ _____

② クモは悪い虫だ
　→ _____

③ 熊は木登りができない
　→ _____

낱말과 표현

- 空港(くうこう) 공항
- 到着(とうちゃく) 도착
- 警察(けいさつ) 경찰
- 連絡(れんらく) 연락
- 手配(てはい) 수배
- 入国手続(にゅうこくてつづ)き 입국 수속
- しかる 혼내다

- 腕(うで) 팔
- かむ 물다
- こぼす 쏟다
- 相手(あいて) 상대
- 膝(ひざ) 무릎
- 蹴(け)る 차다
- 太(ふと)る 살찌다

- 人間関係(にんげんかんけい) 인간관계
- 簡単(かんたん) 간단함
- クモ 거미
- 虫(むし) 곤충, 벌레
- 熊(くま) 곰
- 木登(きのぼ)り 나무 오르기

Let's Talk

1 다음 보기와 같이「～しかない」를 사용해서 대답해 봅시다.

> 보기 社長が日曜日も出勤してほしいと言っていました。
> → だったら出勤するしかないですね。

① 虫歯が二本もできちゃいましたよ。

→ _____

② 卒業単位が足らないんです。

→ _____

③ 社長に今月で会社をやめてほしいと言われたんです。

→ _____

④ 彼女に電話しても出ないし、メールしても返事がないんです。

→ _____

⑤ 2年前のズボンが全然入らなくなってしまったんです。

→ _____

낱말과 표현

出勤(しゅっきん) 출근 | 虫歯(むしば) 충치 | 卒業(そつぎょう) 졸업 | 単位(たんい) 학점, 단위 |
足(た)らない 모자라다 | 返事(へんじ) 대답, 답장 | 空(あ)き巣(す) 빈집털이 | 盗(ぬす)まれる 도둑맞다 |
蜂(はち)に刺(さ)される 벌에 쏘이다 | 頭(あたま)をたたかれる 머리를 맞다 | しかられる 야단맞다

2 다음 수동형으로 된 질문에 대답해 봅시다.

> 보기 あなたは空き巣に入られたことがありますか。
> → はい、空き巣に入られたことがあります。
> / いいえ、空き巣に入られたことはありません。

① 何か物を盗まれたことがありますか。

→ _____

② 遊園地でバイキングに乗ったことがありますか。

→ _____

③ 蜂に刺されたことがありますか。

→ _____

④ 人に頭をたたかれたことがありますか。

→ _____

⑤ 先生にしかられたことがありますか。

→ _____

틀리기 쉬운 일본어 표현

❀ 「痛い」と「洗う」について

일반적으로 「痛い」는 '아프다', 「洗う」는 '씻다'라는 뜻으로 누구나 다 알고 있지만 쓰임에 있어서 한국어와 일본어의 다른 점이 있다.

① 昨日痛かったので学校を欠席しました。(×)
→ 昨日体の調子が悪かったので学校を欠席しました。

② (誰かから背中をたたかれる)あっ、痛い！！

③ 学校に行く前にちゃんと洗ってから行きなさい。(×)
→ 学校に行く前にちゃんとシャワーを浴びてから行きなさい。

①처럼 「痛い」만 사용해서 표현하면 단지 통증을 느낀다는 뜻으로만 쓰이나, 일본어에는 몸이 아프다는 말을 쓰지 않는다. 따라서 「痛い」를 사용할 때는 구체적인 부위를 주어에 넣어 표현해야 한다.

예 のどが痛い、お腹が痛い、歯が痛い 등

하지만 순간적으로 특정 부위에 통증을 느낄 때는 ②처럼 「痛い」만 사용해도 상관없다.

그리고 ③에 나오는 「洗う」도 일본어에 '몸을 씻다'라는 뜻이 없기 때문에 「シャワーを浴びる」나 「お風呂に入る」를 사용해서 표현하는 것이 좋다.

LESSON 9

文化の違い II

学習ポイント

- ➡ 〜と聞いている
- ➡ 省略形 〜てる・〜てく・〜とく
- ➡ 命令形
- ➡ 〜てくれる
- ➡ 〜っけ

田中	李さん、韓国では「爆弾酒」というものがあると聞いているんですが、それってどんなお酒のことですか。
李	「爆弾酒」っていうのはグラスにビールを注いでおいて、ウィスキーを入れたショットグラスをそのビールの中に落として飲むお酒のことですよ。
田中	わー、そんな飲み方があるんですね。ちょっとずつ飲んでも酔っちゃいそうですね。
李	少しずつじゃなくて、普通一気飲みするんですよ。
田中	え？一気飲み？そんな強いお酒を一気飲みしてたら酔いつぶれちゃうんじゃないですか。
李	韓国では上の人に飲めと言われたらなかなか断れないんですよ。
田中	えー、それは何となく怖いですね。僕だったらついていけないな。

爆弾酒(ばくだんしゅ・ポクタンジュ) 폭탄주 | **グラス** 글라스 | **注**(つ)**ぐ** 따르다 | **ショットグラス** 숏글라스 | **落**(お)**とす** 떨어뜨리다 | **酔**(よ)**う** 취하다 | **一気飲**(いっきの)**み** 한숨에 마심 | **酔**(よ)**いつぶれる** 술에 곯아떨어지다 | **断**(ことわ)**る** 거절하다 | **何**(なん)**となく** 왠지, 어딘지 모르게 | **怖**(こわ)**い** 무섭다 | **ついていく** 따라가다

Grammar

1 ～と聞いている ～라고 들었다, ~인 것으로 알고 있다

① 北海道の味噌ラーメンは日本一と聞いています。

② 韓国の歯医者さんは保険がほとんど利かないと聞いています。

③ 韓国では二日酔いにハチミツ水が効くと聞いていますが、本当ですか。

POINT 「～と聞いている」를 「～と知っている」로 쓰지 않도록 주의한다.

2 「～ている」와 「～ていく」의 생략형 「～てる」,「～てく」

① 毎日遅刻してたら学校の先生から母に連絡が行った。

② 金さんの弟さんは今何してるんですか。

③ 私は絶対にウソはついてません。

④ どんなことがあっても監督についてくしかありません。

POINT 친한 사이에서의 회화체에서는 거의 「い」가 빠지므로 연습을 많이 하는 것이 좋다.

3 동사의 명령형

① (운동부 감독이 하는 말) もっと早く走れ。

② お酒をやめろと言っているのではなく、適当に飲めと言っているのである。

③ 自分のことを信じろと言われても到底信じられない。

POINT 「する」,「くる」는 각각 「しろ」,「こい」로 바뀐다는 점에 주의한다.

味噌(みそ) 된장 | **日本一**(にほんいち) 일본 제일 | **歯医者**(はいしゃ)**さん** 치과, 치과의사 | **保険**(ほけん)**が
利**(き)**く** 보험 적용되다 | **ハチミツ水**(すい) 꿀물 | **効**(き)**く** 효과있다 | **連絡**(れんらく) 연락 |
ウソをつく 거짓말하다 | **監督**(かんとく) 감독 | **適当**(てきとう) 적당함 | **到底**(とうてい) 도저히

LESSON 9 文化の違いⅡ **111**

1 李さんは学生時代、野球部だったと聞いています。

① 朴さんの奥さんはギリシャ人です。
→ _____

② 昨日の東北地方は比較的暖かかったです。
→ _____

③ 今日の午前の首都高はほとんど渋滞しませんでした。
→ _____

2 先に食べていてください。
→ 先に食べててください。

① 私は1年前までフィットネスクラブに通っていました。
→ _____

② 電子レンジを安く売っていれば買うつもりです。
→ _____

③ 合理的に解決していった方がいいと思います。
→ _____

❸ 先生：もっと一生懸命勉強しなさい。
→ 先生にもっと一生懸命勉強しろと言われました。

① 父：無駄遣いはやめなさい。
→ _____

② 大学の先生：レポートを来週の水曜日までに出しなさい。
→ _____

③ 部長：来月のプレゼンテーションは君がやりなさい。
→ _____

 낱말과 표현

- **時代**(じだい) 시대
- **野球部**(やきゅうぶ) 야구부
- **ギリシャ** 그리스
- **東北地方**(とうほくちほう) 동북 지방
- **比較的**(ひかくてき) 비교적
- **暖**(あたた)**かい** 따뜻하다
- **首都高**(しゅとこう) 수도고속도로
- **渋滞**(じゅうたい) 정체
- **電子**(でんし)**レンジ** 전자레인지
- **合理的**(ごうりてき) 합리적
- **解決**(かいけつ) 해결
- **無駄遣**(むだづか)**い** 낭비
- **君**(きみ) 자네
- **やる** 하다

Conversation 2

Track 18

田中　正月休みに母親と一緒に初のソウル旅行してきましたよ。

李　　そうだったんですか。何か印象に残っていることありますか。

田中　もちろんありますよ。地下鉄の中で母の前に座っていた若い学生さんが「こちらにどうぞ」って席を譲ってくれたんです。

李　　それは、よかった。いい思い出になりそうですね。
　　　他に何かないですか。

田中　ありますよ。あれを食べちゃいましたよ。「蚕のさなぎ」。

李　　え？「蚕のさなぎ」って何ですか。日本語では初耳ですけど。

田中　あれですよ、あれ。えーと、韓国語では何だっけ。
　　　「ポン…」「ポンデギ」だったっけな。

李　　あー、「번데기！(ポンデギ)」。

田中　ちゃんと写真も撮っときましたよ。ほら。

正月休(しょうがつやす)**み** 신정 휴가 | **初**(はつ) 처음, 최초 | **印象**(いんしょう)**に残**(のこ)**る** 인상에 남다 | **席**(せき)**を譲**(ゆず)**る** 자리를 양보하다 | **思**(おも)**い出**(で) 추억 | **他**(ほか)**に** 그밖에 | **蚕**(かいこ) 누에 | **さなぎ** 번데기 | **初耳**(はつみみ) 금시 초문

1 ～てくれる (남이 나에게) ~해 주다

① 父が私にグッチのカバンを買ってくれました。

② ユンさんは妹を家まで送ってくれました。

③ クォンさんは風邪を引いた私の代わりに大会に出てくれました。

> **POINT** ②처럼 혜택을 받는 사람이 내가 아니라 '가족, 친척, 자기 회사 사람 등'이 될 수도 있다는 점에 주의한다.

2 ～っけ 뭐였더라?

① あの人の苗字、何だっけ。

② 今日のミーティング、何時からだっけ。

③ あれっ、ガスコンロの火、消してきたっけ。

> **POINT** 이 표현은 친한 사이에서 쓰이며「っけ」앞에「た형」이 들어간다.

3 「～ておく」의 생략형 「～とく」

① 船に乗る前に船酔いの薬を飲んどきましょう。

② この魚、冷凍庫に入れといてください。

③ 前もって履歴書を書いといた方がいいですよ。

> **POINT** 동사 어미가「ぬ・む・ぶ・ぐ」로 끝나는 경우에는「～どく」로 한다.

送(おく)る 바래다주다 | 風邪(かぜ)を引(ひ)く 감기가 들다 | 代(か)わり 대신 | 苗字(みょうじ) 성 | ガスコンロ 가스레인지 | 消(け)す 끄다 | 船(ふね) 배 | 船酔(ふなよ)い 뱃멀미 | 冷凍庫(れいとうこ) 냉동실 | 前(まえ)もって 미리 | 履歴書(りれきしょ) 이력서

Exercise

1 友達がお好み焼きをおごってくれました。

① 東京都庁の職員の方は親切に質問に答える
　→ _____

② 試験に落ちた私を親友が慰める
　→ _____

③ クラスの子達が転校したばかりの私に声をかける
　→ _____

2 A：今日、何曜日だっけ。
　　B：今日は火曜日ですよ。

① 昨日何時に寝た
　11時半に寝た
　→ _____

② このパソコン、いくらで買った
　150万ウォンで買った
　→ _____

③ この写真、どこで撮った
　大阪で撮った
　→ _____

❸ A：明日のスケジュール、確認しといた方がいいですよ。
　　B：そうですね。そうします。

① 卒業する前に何か資格を取る
　→ _____

② 40代になる前に保険に加入する
　→ _____

③ 駅の構内でタバコを吸うのはやめる
　→ _____

 낱말과 표현

- 都庁(とちょう) 도청
- 職員(しょくいん) 직원
- 質問(しつもん) 질문
- 答(こた)える 대답하다
- 落(お)ちる 떨어지다
- 親友(しんゆう) 절친한 친구
- 慰(なぐさ)める 위로하다
- 転校(てんこう) 전학
- 声(こえ)をかける 말을 걸다
- 大阪(おおさか) 오사카
- 確認(かくにん) 확인
- 資格(しかく) 자격(증)
- 取(と)る 따다
- 保険(ほけん) 보험
- 加入(かにゅう) 가입
- 構内(こうない) 구내

Let's Talk

1 다음 보기와 같이 「~と聞いています」를 사용해서 대답해 봅시다.

> **보기** 今年は去年より寒いでしょうか。
> → 今年の方がずっと寒いと聞いています。

① ソウルから釜山までKTXでどのぐらいかかるでしょうか。

→ _____

② 金浦空港から金海空港まで飛行機で行けばいくらぐらいかかるでしょうか。

→ _____

③ 最新のiPodはいくらぐらいでしょうか。

→ _____

④ 今の大統領はおいくつでしょうか。

→ _____

⑤ 今人気のバラエティー番組やドラマは何でしょうか。

→ _____

낱말과 표현

飛行機(ひこうき) 비행기 | **最新**(さいしん) 최신 | **大統領**(だいとうりょう) 대통령 | **バラエティー番組**(ばんぐみ) 버라이어티 프로그램 | **校則**(こうそく) 교칙 | **守**(まも)る 지키다 | **前髪**(まえがみ) 앞머리 | **まゆげ** 눈썹 | **切**(き)る 자르다 | **靴下**(くつした) 양말 | **はく** 신다

2 다음 보기와 같이 「〜しろ」를 사용해서 말해 봅시다.

> 보기　(先生が) はやく席に座りなさい。
> → 先生に「はやく席に座れ」と言われました。

① 授業中は静かにしなさい。

→ _____

② 校則はちゃんと守りなさい。

→ _____

③ 前髪はまゆげが見えるように切りなさい。

→ _____

④ 靴下は白の靴下をはきなさい。

→ _____

⑤ かばんは学校で決められた物を持ってきなさい。

→ _____

いろいろな家の中の物　　여러가지 집 안의 물건

- ① 下駄箱(げたばこ) 신발장
- ② 傘立て(かさたて) 우산꽂이
- ③ 仏壇(ぶつだん) 불단
- ④ こたつ 고타츠(일본의 실내난방 장치)
- ⑤ ソファー 소파
- ⑥ 食卓(しょくたく) 식탁
- ⑦ 冷蔵庫(れいぞうこ) 냉장고
- ⑧ 食器棚(しょっきだな) 그릇장

쉬어가기

- ⑨ 化粧台(けしょうだい) 화장대
- ⑩ 鏡(かがみ) 거울
- ⑪ タンス 장롱
- ⑫ 学習机(がくしゅうづくえ) 학생용 책상
- ⑬ 本棚(ほんだな) 책장
- ⑭ ストーブ 난로
- ⑮ カーテン 커튼
- ⑯ コンポ 오디오
- ⑰ ベッド 침대
- ⑱ 布団(ふとん) 이불
- ⑲ 枕(まくら) 베개

틀리기 쉬운 일본어 표현

❁ 「そんなに」と「そう」

「そんなに」와 「そう」는 둘 다 '그렇게' 라는 뜻을 갖고 있어서 혼동하는 경우가 있다.

① そうしてください。
　そんなにしてください。(×)
　(그렇게 해 주세요.)

② 私もそう思います。
　私もそんなに思います。(×)
　(저도 그렇게 생각합니다.)

③ 田中さんの妹さん、そんなにきれいなんですか。
　田中さんの妹さん、そうきれいなんですか。(×)
　(다나카 씨의 여동생, 그렇게 예뻐요?)

④ そんなにたくさん食べたらお腹壊しますよ。
　そうたくさん食べたらお腹壊しますよ。(×)
　(그렇게 많이 먹으면 배탈이 납니다.)

⑤ この問題はそう難しくはないと思います。
　この問題はそんなに難しくはないと思います。
　(이 문제는 그렇게 어렵지는 않을 거라고 생각합니다.)

①과 ②는 상대방이 한 말이나 행동에 대해서 긍정의 의미를 나타내고 있으며, ③과 ④는 뒤에 오는 「きれい」나 「たくさん食べる」를 강조하는 의미를 가지고 있다.

⑤는 '그다지'라는 뜻으로 쓰이고 있는데 「そう」와 「そんなに」 양쪽 모두 쓸 수 있다. (단 「そう 〜ない」에 들어가는 형용사는 한정적으로 쓰인다.)

예 そう遠くない、そう簡単ではない、そうない 등

LESSON 10
文化の違いⅢ

学習ポイント

- ～に比べて
- ～にとって
- ～て間もない
- ～たら
- ～た上で
- ～てもらう

Track 19

李　田中さん、日本の市バスって安全運転でいいんですけど、とても遅いと思いませんか。

田中　そういえば、韓国に行った時、市バスに乗ったんですけど、日本に比べてとても速かったですね。韓国の方にとって日本の市バスは遅く感じるでしょうね。

李　そうなのかも知れませんね。あと、入口が前にあったり、後ろにあったり、会社や地域によっていろいろですね。

田中　そういえばそうですね。でも、東京23区内では基本的に前乗り先払いですけどね。

李　ところで、日本に来て間もない時、バスの運転手から注意されたことがあったんですよ。

田中　え？そんなことがあったんですか。でも、どうして。

李　ブザーを押して、すぐ立ったら、「お客さん、危ないから座ってください」って言われてしまったんです。
とても恥ずかしかったです。

市(し)**バス** 시내 버스 | **安全運転**(あんぜんうんてん) 안전운전 | **そういえば** 그러고보니 | **比**(くら)**べる** 비하다 | **料金**(りょうきん) 요금 | **地域**(ちいき) 지역 | **23区内**(くない) 23구 내 | **基本的**(きほんてき) 기본적 | **前乗**(まえの)**り** 앞에서 탐 | **先払**(さきばら)**い** 선불 | **注意**(ちゅうい)**される** 주의받다 | **危**(あぶ)**ない** 위험하다 | **恥**(は)**ずかしい** 창피하다, 부끄럽다

Grammar

1 ～に比べて   ~에 비해서

① 今年の元日に配達される年賀状は、去年に比べて700万通ほど減少した。

② アメリカは日本に比べてバイクの死者数が5倍にもなる。

③ 輸入車は国産車に比べて維持費がかかる。

POINT 「～に比べて」를「～と比べて」로 쓸 경우도 있다.

2 ～にとって   ~에게 있어서

① ユリは猫にとってよくない花です。

② 人類にとって最大の発見・発明は何だと思いますか。

③ 私にとって彼女はなくてはならない人です。

POINT 「～にとって」를「～において」로 쓰지 않도록 주의한다.

3 ～て間もない   ~한 지 얼마 되지 않다

① 東京に上京して間もないのでまだ友達がいません。

② 二人は知り合って間もないのにもう付き合っている。

③ 日本に来て間もない留学生がスピーチコンテストで優勝した。

POINT 위의 용법 외에「동작성 명사+間もない」의 용법도 있다.
例 生後間もない赤ちゃん、完成間もない高速道路

낱말과 표현

元日(がんじつ) 설날 | 配達(はいたつ) 배달 | 年賀状(ねんがじょう) 연하장 | ～通(つう) ~통 | 減少(げんしょう) 감소 | 死者数(ししゃすう) 사망자 수 | ～倍(ばい) ~배 | 輸入車(ゆにゅうしゃ) 수입차 | 国産車(こくさんしゃ) 국산차 | 維持費(いじひ) 유지비 | ユリ 백합 | 猫(ねこ) 고양이 | 人類(じんるい) 인류 | 最大(さいだい) 최대 | 発見(はっけん) 발견 | 発明(はつめい) 발명 | 家庭(かてい) 가정 | 上京(じょうきょう) 상경 | 知(し)り合(あ)う 알게 되다 | 留学生(りゅうがくせい) 유학생 | 優勝(ゆうしょう) 우승

LESSON 10 文化の違いⅢ

Exercise

1 日本人の平均身長は韓国人の平均身長に比べて少し低い。

① 結核, 昔, 怖い病気ではなくなった

→ _____

② 韓国のビール, 日本のビール, 苦味がない方だ

→ _____

③ 冬のソウルの気温, 東京の気温, はるかに低い

→ _____

2 空気は人間にとってなくてはならないものです。

① 植物, 人類, 欠くことのできないもの

→ _____

② お米, 東洋人, なくてはならない主食の一つ

→ _____

③ この技術, うちの会社, 最も重要な資産の一つ

→ _____

❸ まだ大学に入って間もないので、どの科目を取ったらいいのか分かりません。

① 妊娠する，何を準備したらいいのか分からない

　→ _____

② 社会人になる，まだ学生気分がぬけない

　→ _____

③ 結婚する，当分の間は共働きをしたい

　→ _____

 낱말과 표현

- **平均身長**(へいきんしんちょう) 평균 신장
- **結核**(けっかく) 결핵
- **怖**(こわ)**い** 무섭다
- **苦味**(にがみ) 쓴 맛
- **気温**(きおん) 기온
- **はるかに** 훨씬

- **空気**(くうき) 공기
- **人間**(にんげん) 인간
- **欠**(か)**く** 빠지다, 결여하다
- **お米**(こめ) 쌀
- **東洋人**(とうようじん) 동양인
- **主食**(しゅしょく) 주식
- **技術**(ぎじゅつ) 기술

- **資産**(しさん) 자산
- **妊娠**(にんしん) 임신
- **抜**(ぬ)**ける** 빠지다
- **当分**(とうぶん)**の間**(あいだ) 당분간
- **共働**(ともばたら)**き** 맞벌이

Track 20

田中　李さん、韓国に行った時、地下鉄に乗ろうと思って行ったら、どうやって切符を買ったらいいのかも分かりませんでした。

李　あ～、日本とは買い方が違いますからね。

田中　そうなんです。日本だったら最初に切符売り場の上の路線図を見て、目的地までの料金がいくらかを探した上で、お金を入れて金額のボタンを押せばいいんですけど、韓国は最初からお金を入れないんですね。しかも、日本のような紙の切符ではなくてオレンジ色のカードなんですね。

李　そうですね。ただ、そのカードの保証金500ウォンを払わなければならないのでちょっと面倒かも知れませんね。

田中　実は、目的地に着いた後、どこでその保証金を返してもらえばいいのか分からなかったので記念に持って帰ってきました。ハハハ！

切符(きっぷ) 표 | 切符売(きっぷう)り場(ば) 매표소 | 路線図(ろせんず) 노선도 | 目的地(もくてきち) 목적지 | 料金(りょうきん) 요금 | 探(さが)す 찾다 | 金額(きんがく) 금액 | 押(お)す 누르다 | 最初(さいしょ) 처음 | 保証金(ほしょうきん) 보증금 | 面倒(めんどう) 귀찮음 | 返(かえ)す 돌려주다 | 記念(きねん) 기념

1 ～たら   ～했더니

① 誰もいないはずの彼のアパートに行ったら、部屋の電気が付いていた。

② 一時間も並んで1万円の福袋を買って開けてみたら、ろくな物が入っていなかった。

③ 早歩きで一時間歩いたら、顔から汗が流れてきた。

POINT 가정형인「～ば」,「～と」,「～なら」로 대체할 수 없다.

2 ～た上で   ～한 후에, ～한 다음에

① ペットはよく考えた上で飼うかどうかを決めた方がいいと思います。

② 中古車を買う時は、エンジンの状態などをよく調べた上で買った方がいいです。

③ コンタクトレンズは眼科で検診を受けた上で買わなければいけません。

POINT 「上」를 사용하는 문법이 많으므로「～た上」뒤에 반드시「で」가 들어간 형태로 외워야 한다.

3 ～てもらう   ～해 받다

① 子供の頃よく母に歌ってもらった子守歌は今でも覚えています。

② 初めて親から買ってもらった自転車は今でも大切に乗っています。

③ 来週の出張は田中さんに行ってもらいましょう。

POINT 기본적으로 동작주는「に」앞에 들어가는데, ②처럼 대상물의 이동을 나타낼 때에는「に」대신「から」를 쓸 수 있다.

電気(でんき)が付(つ)く 불이 켜지다 | 並(なら)ぶ 줄을 서다 | 福袋(ふくぶくろ) 설에 여러 가지 물건을 주머니에 넣고 봉해서 싸게 파는 것 | 開(あ)ける 열다, 뜯다 | ろく 변변함 | 早歩(はやある)き 빨리 걷기 | 汗(あせ) 땀 | 流(なが)れる 흐르다 | 飼(か)う 키우다 | 中古車(ちゅうこしゃ) 중고차 | 状態(じょうたい) 상태 | 眼科(がんか) 안과 | 検診(けんしん) 검진 | 受(う)ける 받다 | 子守歌(こもりうた) 자장가

1 ドアを開けてみたら、ドアの前に小さな小包が置いてあった。

① 本物のケーキだと思って触ってみる，ゴムでできたケーキだった
→ _____

② 表から音がしていると思って見る，ひょうが降っていた
→ _____

③ 辛くない唐辛子だと思って食べる，激辛の唐辛子だった
→ _____

2 この薬は説明書をきちんと読んだ上で服用しなければいけません。

① 子供の将来は親とよく話し合う，決めていく
→ _____

② 手術をするかしないかは医者と相談する，決定する
→ _____

③ 激しい運動をする時はストレッチングを十分にする，体を動かす
→ _____

3 昨日足がつった時、弟にマッサージをしてもらいました。

① 近所の英会話教室でアメリカ人の先生, 英語を教える
→ _____

② 秋葉原でパソコンを買う時, 店員さん, １万円も安くする
→ _____

③ 山登りで足首をくじいた時, 友達, おぶる
→ _____

 낱말과 표현

- **小包**(こづつみ) 소포
- **置**(お)**く** 두다
- **本物**(ほんもの) 진짜
- **触**(さわ)**る** 만지다
- **表**(おもて) 바깥쪽, 문밖
- **音**(おと)**がする** 소리가 나다
- **ひょう** 우박
- **唐辛子**(とうがらし) 고추

- **激辛**(げきから) 엄청 매움
- **説明書**(せつめいしょ) 설명서
- **服用**(ふくよう) 복용
- **手術**(しゅじゅつ) 수술
- **相談**(そうだん) 상담
- **決定**(けってい) 결정
- **激**(はげ)**しい** 심하다
- **動**(うご)**かす** 움직이다

- **足**(あし)**がつる** 다리에 쥐나다
- **英会話教室**(えいかいわきょうしつ) 영어회화학원
- **秋葉原**(あきはばら) 아키하바라(지명)
- **店員**(てんいん) 점원
- **足首**(あしくび)**をくじく** 발목을 삐다
- **おぶる** 업다

LESSON 10 文化の違いⅢ

Let's Talk

1 다음 그림을 보고 「～に比べて」를 사용해서 대답해 봅시다.

> 보기　日本の料理と韓国の料理を比べるとどうですか。
> → 日本の料理は韓国の料理に比べてさっぱりしている方です。

① ソウルの冬と東京の冬を比べるとどうでしょうか。

→ ＿＿＿＿＿＿＿＿＿＿＿＿＿＿＿＿＿＿＿＿＿＿＿

② 日本人の身長と韓国人の身長を比べるとどうでしょうか。

→ ＿＿＿＿＿＿＿＿＿＿＿＿＿＿＿＿＿＿＿＿＿＿＿

③ インドの人口と中国の人口を比べるとどうでしょうか。

→ ＿＿＿＿＿＿＿＿＿＿＿＿＿＿＿＿＿＿＿＿＿＿＿

④ ソウルのキムチと違う地方のキムチを比べるとどうでしょうか。

→ ＿＿＿＿＿＿＿＿＿＿＿＿＿＿＿＿＿＿＿＿＿＿＿

⑤ 去年の冬と今年の冬を比べるとどうでしょうか。

→ ＿＿＿＿＿＿＿＿＿＿＿＿＿＿＿＿＿＿＿＿＿＿＿

身長(しんちょう) 신장 | 人口(じんこう) 인구 | 地方(ちほう) 지방 | 存在(そんざい) 존재 | この世(よ) 이 세상 | 人間(にんげん) 인간 | 就職口(しゅうしょくぐち) 취직 자리 | 探(さが)す 찾다 | 受験生(じゅけんせい) 수험생

❷ 다음 보기와 같이 「～にとって」를 사용해서 대답해 봅시다.

> 보기　あなたにとってご主人はどんな存在ですか。
> → 私にとって夫はこの世で一番大切な存在です。

① 日本語を勉強している人にとって一番大切なものは何だと思いますか。

→ _____

② あなたにとってこの世の中で一番必要なものは何だと思いますか。

→ _____

③ 人間にとってなくてはならないものは何だと思いますか。

→ _____

④ 就職口を探している人にとって必要なものは何だと思いますか。

→ _____

⑤ 受験生にとって大切なものは何だと思いますか。

→ _____

 **틀리기 쉬운 일본어 표현**

❖ 명령형

한국어와 일본어에는 명령형이 있는데 쓰임이 다를 수 있다.

① (친구에게) 은진아, 시간이 없어. 빨리 먹어라.

② (아버지가 딸에게) 은진아, 나이트클럽에 가지 마라. 알았지?

위의 두 문장은 일본어로 어떻게 표현해야 할까? 만약에 그대로 직역한다면 다음과 같을 것이다.

① ウンジン、時間ないから早く食べろ。
② ウンジン、ナイトクラブには行くな。

사극 드라마나 전쟁 영화에서는 ①, ②와 같은 명령형을 사용하는 경우가 있으나, 실제 회화에서는 잘 쓰지 않는 표현이다. 그렇다면 어떤 경우에 명령형을 쓸 수 있을까?

③ コーチから毎日鳥のムネ肉を食べろと言われました。
④ 医者から当分の間お酒は飲むなと言われました。

③은 코치가 매일 닭 가슴살을 먹으라고 말한 것을 인용해서 말하는 경우이고, ④는 의사에게서 술을 마시지 말라고 직접 들은 이야기를 그대로 인용해서 말하는 경우이다.
이처럼 ①, ②를 자연스러운 문장으로 바꾸면 다음과 같다.

① ウンジン、時間ないから早く食べな。(食べて)
② ウンジン、ナイトクラブには行かないようにしなさい。

(주의: 개인에 따라서 다소 표현의 차이가 날 수 있습니다.)

LESSON 11
飲食店 I

学習ポイント

- ➡ 使役形 〜させる
- ➡ 〜てあげる
- ➡ まるで 〜みたい
- ➡ お+ます形+でしょうか
- ➡ お+ます形+する(いたす)
- ➡ お+ます形+ください

Conversation 1

Track 21

李　　今日は田中さんに本場の韓国料理を食べさせてあげたくて
　　　わざわざ新大久保まで来てもらったんです。

田中　新大久保は初めてなんですけど、まるでソウルにいるみたい
　　　ですね。ハングル文字だらけ。

李　　そうでしょ。さあ、着きました。ここです。

(店の中で)

李　　はい、これがメニューです。何にしますか。

田中　僕は辛さに弱いので辛くないものがいいですね。
　　　辛くないものってどれですか。

李　　だったら、これはどうですか。「石焼きビビンバ」。
　　　私もこれにしようかな。

田中　じゃ、それにします。すみません。石焼きビビンバ二つ。

(10分後)

田中　それではいただきます。あの〜、結構辛いんですけど。

李　　え、私は全然辛くないですよ。

田中　「私は」って。李さんの基準じゃなくて「ちょっと辛い」って
　　　言ってくださいよ。

韓国料理(かんこくりょうり) 한국요리 | **わざわざ** 일부러 | **新大久保**(しんおおくぼ) 신오쿠보 | **まるで** 마치 | **文字**(もじ) 문자 | **だらけ** 투성이 | **辛**(から)**さ** 매움 | **石焼**(いしや)**きビビンバ** 돌솥비빔밥 | **結構**(けっこう) 제법, 꽤 | **基準**(きじゅん) 기준

1 사역형 ～させる　　　　～시키다, ～하게 하다

① 先生は木村さんを廊下に立たせました。

② 歌手Aさんは自分の体よりもコンサートの方を優先させました。

③ 拾ってきた子猫に何を食べさせたらいいでしょうか。

POINT　「見せる(보이다)」, 「着せる(입히다)」, 「乗せる(태우다)」는 사역형이 아니라 그냥 타동사임을 알아두어야 한다.

2 ～てあげる　　　　(내가 남에게) ～해 주다

① うちの子供にスマートフォンを買ってあげたいです。

② 道に迷っていた外国人に道を教えてあげました。

③ クラスでいじめられていた友達を助けてあげました。

POINT　직접 손윗 사람에게 「～해 드릴까요?」라고 할 때는 「～てあげましょうか」를 쓰지 않고 밑의 예와 같이 쓰도록 한다.

　예　このかさ、貸しましょうか。(정중한 표현)
　　　このかさ、お貸ししましょうか。(겸양표현)
　　　　(お＋ます형＋ましょうか)

3 まるで ～みたい　　　　마치 ～인 것 같다

① 琵琶湖はまるで海みたいですね。

② うちの祖母はまるで子供みたいなかわいい話し方をします。

③ あのマジシャンはまるで超能力者みたいに不思議なマジックをします。

POINT　「～みたいだ」 대신에 「～ようだ」로 바꿔도 된다.

廊下(ろうか) 복도 ｜ **優先**(ゆうせん) 우선 ｜ **拾**(ひろ)う 줍다 ｜ **子猫**(こねこ) 새끼고양이 ｜ **迷**(まよ)う 헤매다 ｜
外国人(がいこくじん) 외국인 ｜ **助**(たす)ける 돕다 ｜ **琵琶湖**(びわこ) 비와코 호(호수 이름) ｜ **海**(うみ) 바다 ｜
祖母(そぼ) 조모 ｜ **マジシャン** 마술사 ｜ **超能力者**(ちょうのうりょくしゃ) 초능력자 ｜ **不思議**(ふしぎ) 신기함

Exercise

1 社長はすべての研究員に新技術を開発させた。

① 先生, クラスの学生に読書感想文を書く

→ _____

② 東京ホテルの支配人, 料理長に新しいメニューを作る

→ _____

③ 担任の先生, 高熱が出た生徒を家に帰る

→ _____

2 妹の夏休みの宿題を手伝ってあげました。

① 家内の背中をかく

→ _____

② 体の不自由な子供をお風呂に入れる

→ _____

③ 雪道でタイヤが雪にはまってしまった乗用車を後ろから押す

→ _____

❸ 彼女の手はまるで氷みたいに冷たいです。

① 彼の歌, 歌手, うまい
→ _____

② 李さんの話す英語, ネイティブスピーカー, 完璧
→ _____

③ 申さんのバランス感覚, サーカスの綱渡り, すごい
→ _____

 낱말과 표현

- **研究員**(けんきゅういん) 연구원
- **新技術**(しんぎじゅつ) 신기술
- **開発**(かいはつ) 개발
- **読書感想文**(どくしょかんそうぶん) 독서감상문
- **支配人**(しはいにん) 지배인
- **料理長**(りょうりちょう) 주방장
- **担任**(たんにん)**の先生**(せんせい) 담임 선생님
- **高熱**(こうねつ) 고열
- **生徒**(せいと) 학생, 생도
- **宿題**(しゅくだい) 숙제
- **背中**(せなか) 등
- **かく** 긁다
- **不自由**(ふじゆう) 부자유스러움
- **お風呂**(ふろ)**に入**(い)**れる** 목욕시키다
- **雪道**(ゆきみち) 눈길
- **はまる** 빠지다
- **乗用車**(じょうようしゃ) 승용차
- **押**(お)**す** 밀다
- **氷**(こおり) 얼음
- **完璧**(かんぺき) 완벽함
- **バランス感覚**(かんかく) 균형감각
- **綱渡**(つなわた)**り** 줄타기
- **すごい** 대단하다, 굉장하다

(レストラン内で)

店員　　　ご注文はお決まりでしょうか。

李　　　　私はサーロインステーキ。

田中　　　僕はハンバーグ＆ステーキ。

店員　　　サーロインステーキお一つとハンバーグ＆ステーキがお一つですね。お飲み物が付いておりますが、いつお持ちいたしましょうか。

李・田中　食後にお願いします。

店員　　　はい、かしこまりました。少々お待ちくださいませ。

田中　　　ところで、李さん、どうして僕を呼び出したんですか。

李　　　　実は、今日私の誕生日だったんです。

田中　　　え？そうだったんですか。おめでとうございます。だったら今日は僕のおごりで。

李　　　　いいえ、韓国では誕生日を迎えた人が皆におごる習慣があるので。

田中　　　え～、何か申し訳ないな。

注文(ちゅうもん) 주문 | サーロインステーキ 등심 스테이크 | 食後(しょくご) 식후 | かしこまりました 알겠습니다 | 呼(よ)び出(だ)す 불러내다 | おめでとうございます 축하합니다 | 申(もう)し訳(わけ)ない 죄송하다

1 お＋ます形＋でしょうか ~하셨습니까?, ~하시겠습니까?, ~하고 계십니까?

① お客様、お持ち帰りでしょうか。

② お客様、ポイントカードはお持ちでしょうか。

③ こちらでお召し上がりでしょうか。

> **POINT** 「お＋ます形＋でしょうか」의 표현은 주로 손님에게 쓰는 경우가 많으며, 쓰임에 따라서 뜻도 바뀌므로 주의해야 한다.

2 お＋ます形＋する(いたす) 겸양어

① かばん、お持ちしましょうか。(お持ちいたしましょうか)

② 明日の午前中にお届けします。(お届けいたします)

③ 海外のテロ情報をお伝えします。(お伝えいたします)

> **POINT** 「お知らせします」를 「お知らせます」처럼 잘못 쓰는 경우가 많으므로 연습을 많이 해야 한다.

3 お＋ます形＋ください ~해 주십시오

① ここにご氏名とお年、ご住所をお書きください。

② ご使用の前に説明書を必ずお読みください。

③ この薬の用法・用量は必ずお守りください。

> **POINT** 「お使いください」를 「お使ってください」로 잘못 쓰지 않도록 주의한다.

낱말과 표현

持(も)ち帰(かえ)る 가지고 돌아가다 | 召(め)し上(あ)がる 드시다 | 届(とど)ける 배달하다, 보내다 |
海外(かいがい) 해외 | 情報(じょうほう) 정보 | 伝(つた)える 전하다 | 氏名(しめい) 성명 | お年(とし) 연세 |
使用(しよう) 사용 | 説明書(せつめいしょ) 설명서 | 用法(ようほう) 용법 | 用量(ようりょう) 용량 |
守(まも)る 지키다

Exercise

1 部長はもう帰りましたか。
→ 部長はもうお帰りですか。

① 佐藤社長はいつ戻りますか。
→ _____

② 課長、呼びましたか。
→ _____

③ 何か困っているんですか。
→ _____

2 かさを貸す
→ かさをお貸ししましょうか。

① Sビルまでの行き方を教える
→ _____

② 私が代わりに本を返す
→ _____

③ 家まで送る
→ _____

3 私の車に乗る
　→ 私の車にお乗りください。

① 車に気をつけて帰る
　→ _____

② 不安や悩みはいつでも私に話す
　→ _____

③ 足元に注意して靴をはく
　→ _____

 낱말과 표현

- 戻(もど)る 돌아오다
- 呼(よ)ぶ 부르다
- 困(こま)る 곤란하다
- 返(かえ)す 돌려주다
- 不安(ふあん) 불안
- 悩(なや)み 고민
- 足元(あしもと) 발밑
- 注意(ちゅうい) 주의

Let's Talk

1 다음 그림을 보고 「まるで ～みたい」를 사용해서 말해봅시다.

> 보기
>
> あの犬、まるでブタみたいですね。

①

②

_____ _____

③

④

_____ _____

⑤

_____

❷ 다음 그림을 보고 「お ～ましょうか」를 사용해서 말해봅시다.

> 보기
>
> ドアをお開けしましょうか。

①

_____

②

_____

③

_____

④

_____

⑤

_____

 **틀리기 쉬운 일본어 표현**

✿ 「はじめ」と「はじめて」について

「はじめ」와「はじめて」는 초급 수준의 비교적 쉬운 단어이지만, '처음'이라는 같은 뜻을 갖고 있어서 헷갈리는 경우가 종종 있다.

① ここに来るのははじめです。(×)
　→ ここに来るのははじめてです。
　　(여기에 오는 것은 처음입니다.)

② 日本語ははじめてはやさしかったんですが、だんだん難しくなってきました。(×)
　→ 日本語ははじめはやさしかったんですが、だんだん難しくなってきました。
　　(일본어는 처음에는 쉬웠는데, 점점 어려워졌습니다.)

③ この製品はA社がはじめに開発しました。(×)
　→ この製品はA社がはじめて開発しました。
　　(이 제품은 A사가 처음으로 개발했습니다.)

④ 合格ははじめてから無理だと思いました。(×)
　→ 合格ははじめから無理だと思いました。
　　(합격은 처음부터 무리라고 생각했습니다.)

결국「はじめ」와「はじめて」의 기본적인 의미가 정리되어 있지 않기 때문에 일어나는 문제이다. 이 두 단어를 정리해 보면 다음과 같다.

> はじめ - 시간적으로 최초(맨 처음)
> はじめて - 처음으로 경험하는 일

LESSON 12
飲食店 Ⅱ

学習ポイント

→ ご＋漢語動詞＋ください

→ お＋ます形＋になる（尊敬語）

→ 〜おる

→ 〜れる・られる（尊敬語）

→ 危うく 〜するところだった

→ 漢語動詞＋される（尊敬語）

—ファミリーレストランで—

田中　いや〜、もうお腹一杯です。ここのステーキは結構ボリュームがありますね。

李　本当ですね。わ〜、もうこんな時間。
じゃ、そろそろ行きましょうか。じゃ、お会計、お願いします。

店員　はい、かしこまりました。サーロインステーキがお一つ、ハンバーグ＆ステーキがお一つで3600円になります。

李　じゃ、これでお願いします。

店員　はい、一万円お預かりします。6000と400円のお返しです。ご確認くださいませ。あ、駐車券はお使いになりますか。

李　いいえ、結構です。

店員　ありがとうございました。またのお越しをお待ちしております。

李・田中　どうも。

お腹一杯(なかいっぱい) 배부르다 | ボリューム 볼륨 | そろそろ 슬슬 | 会計(かいけい) 계산, 회계 | かしこまりました 알겠습니다 | サーロイン 등심 | 預(あず)かる 맡다 | お返(かえ)し 거스름돈 | 確認(かくにん) 확인 | 駐車券(ちゅうしゃけん) 주차권 | 結構(けっこう)です 됐습니다 | お越(こ)し 오심, 가심

Grammar

1　ご＋漢語動詞＋ください　　～해 주세요(주십시오)

① 皆様、ご起立ください。

② 階段が濡れています。足元にご注意ください。

③ 来月新しいアルバムが出ます。是非ご期待ください。

POINT　「ご注意ください」を「ご注意してください」로 하지 않도록 한다.

2　お＋ます形＋になる　　～하시다

① 社長、新井部長の入院のこと、お聞きになりましたか。

② 新しい化粧品、もうお試しになりましたか。

③ キャンパス内のセクハラについてどうお考えになりますか。

POINT　'보다'는 「ご覧(らん)になる」, '입으시다'는 「お召(め)しになる」, '주무시다'는 「お休(やす)みになる」이다. 이러한 표현은 통째로 외우는 것이 좋다.

3　～おる　　「いる」의 겸양어

① ご迷惑をおかけしております。

② ご無沙汰しておりました。

③ 私の母は工場で働いております。

POINT　이 표현은 동작주를 낮춤으로써 상대에 대해서 경의를 표하는 표현이다.

낱말과 표현

皆様(みなさま) 여러분 ｜ **起立**(きりつ) 기립 ｜ **階段**(かいだん) 계단 ｜ **濡**(ぬ)**れる** 젖다 ｜ **足元**(あしもと) 발밑 ｜ **注意**(ちゅうい) 주의 ｜ **是非**(ぜひ) 꼭 ｜ **期待**(きたい) 기대 ｜ **新井**(あらい) 아라이(사람 이름) ｜ **化粧品**(けしょうひん) 화장품 ｜ **試**(ため)**す** 시험하다, 시도하다 ｜ **セクハラ** 성희롱 ｜ **迷惑**(めいわく)**をかける** 폐를 끼치다 ｜ **無沙汰**(ぶさた) 소식을 전하지 않음, 격조 ｜ **工場**(こうじょう) 공장

1 市で行われるイベントに参加してください。
→ 市で行われるイベントにご参加ください。

① このお菓子は化学調味料を一切使っていませんので、安心してください。
→ _____

② 水不足なので節水に協力してください。
→ _____

③ 新しくできた東京図書館をご家族と一緒に是非利用してください。
→ _____

2 中村先生はいつ帰りましたか。
→ 中村先生はいつお帰りになりましたか。

① 李先生、風邪薬は飲みましたか。
→ _____

② 課長のシェーバー、いつごろから使っているんですか。
→ _____

③ 金さん、だれを待っているんですか。
→ _____

3 部長はただいま外出をしています。
　→ 部長の田中はただいま外出をしております。

① 父は福岡で会社経営をしています。
　→ _____

② 弟は高校でバレーボールをしています。
　→ _____

③ 姉は学習塾で講師をしています。
　→ _____

 낱말과 표현

- **市**(し) 시
- **参加**(さんか) 참가
- **お菓子**(かし) 과자
- **化学調味料**(かがくちょうみりょう) 화학조미료
- **一切**(いっさい) 일절, 전혀
- **安心**(あんしん) 안심
- **水不足**(みずぶそく) 물 부족
- **節水**(せっすい) 절수
- **協力**(きょうりょく) 협력
- **是非**(ぜひ) 꼭
- **利用**(りよう) 이용
- **風邪薬**(かぜぐすり) 감기약
- **シェーバー** 전기 면도기
- **塾**(じゅく) 학원
- **講師**(こうし) 강사

― 回転寿司屋に入る ―

店員　　いらっしゃいませ。お客様、おタバコは吸われますか。

田中　　いいえ、吸いません。

店員　　はい、では、こちらのお席へどうぞ。

(カウンター席で)

李　　　田中さんは何から行きますか。

田中　　僕はやっぱり大トロから行こうかな。李さんは。

李　　　私は中トロからにします。大トロは脂が多すぎて。

田中　　それでは、いただきます。

(30分後)

李　　　田中さん、私はもうギブアップです。お腹が破裂しそうです。

田中　　実は僕もさっきトイレに行った時に危うく吐くところでしたよ。じゃ、行きましょう。

(会計後)

店員　　お客様、次回ご来店の際、この割引券を提示されますと１０％の割引になります。どうぞご利用ください。

回転寿司(かいてんずし) 회전초밥 | **大**(おお)**トロ** 참치 배쪽의 지방이 가장 많은 부분 | **中**(ちゅう)**トロ** 참치 배쪽의 지방이 중간 정도 많은 부분 | **脂**(あぶら) 지방, 기름 | **ギブアップ** 기브업, 포기 | **破裂**(はれつ) 파열, 터짐 | **危**(あや)**うく** 하마터면 | **吐**(は)**く** 토하다 | **ご来店**(らいてん) 내점하심 | **割引券**(わりびきけん) 할인권 | **提示**(ていじ) 제시

Grammar

1 〜れる, 〜られる(尊敬語)   〜하시다

① 今日の午後３時にB社の金課長が来られるそうです。

② 会長の奥様が乗られている車はリムジンです。

③ 高校時代の修学旅行はどこに行かれましたか。

POINT 「する」는「される」,「くる」는「こられる」가 된다.

2 危うく 〜するところだった   하마터면 〜할 뻔했다

① 電車に一本乗りおくれて、危うく遅刻するところでした。

② タイヤがスリップして、危うく事故を起こすところでした。

③ 鉄道ファンが危うく列車にひかれるところでした。

POINT 「동사 기본형＋ところ」에는 '〜할 뻔하다'와 '〜할 참이다'의 두 가지 용법이 있다.

3 漢語動詞＋される(尊敬語)   한어 동사＋하시다

① 神戸地震を体験された方にインタビューを依頼しました。

② キャッシュカードを紛失された方はこちらの番号にご連絡ください。

③ 新築住宅を購入された方の声を聞いております。

POINT 「〜される」는 존경어와 수동형(제8과)이 있으므로 혼동하지 않도록 주의한다.

낱말과 표현

奥様(おくさま) 사모님 | **修学旅行**(しゅうがくりょこう) 수학여행 | **乗(の)りおくれる** 놓치다 | **遅刻**(ちこく) 지각 | **タイヤ** 타이어 | **スリップ** 슬립, 미끄러짐 | **事故**(じこ) 사고 | **起(お)こす** 내다, 일으키다 | **鉄道**(てつどう) 철도 | **列車**(れっしゃ) 열차 | **神戸地震**(こうべじしん) 고베 지진 | **体験**(たいけん) 체험 | **依頼**(いらい) 의뢰 | **キャッシュカード** 현금 인출 카드 | **紛失**(ふんしつ) 분실 | **新築**(しんちく) 신축 | **購入**(こうにゅう) 구입 | **声**(こえ) 목소리

1 旅行先で必ずお土産を買っていますか。
→ 旅行先で必ずお土産を買われていますか。

① 今年は紅葉を見に行きましたか。
→ _____

② 親から独立したいと考えている方いますか。
→ _____

③ できちゃった婚についてどう思いますか。
→ _____

2 自転車から落ちて、危うくケガをするところでした。

① 池に落ちる, おぼれる
→ _____

② おもちがのどにつまる, 死ぬ
→ _____

③ フライパンから火が出る, 火事になる
→ _____

❸ 電子タバコを購入した人の感想を聞いてみたいです。
→ 電子タバコを購入された方の感想を聞いてみたいです。

① 次の同窓会に参加する人は事前にお知らせください。
→ _____

② 入社を希望する人は履歴書をお送りください 。
→ _____

③ 今回来日する大統領にインタビューをお願いしました。
→ _____

 낱말과 표현

- **旅行先**(りょこうさき) 여행지
- **お土産**(みやげ) 외지에 갔다가 사오는 선물
- **紅葉**(こうよう) 단풍
- **独立**(どくりつ) 독립
- **できちゃった婚**(こん) 속도 위반 결혼
- **ケガをする** 다치다
- **池**(いけ) 연못
- **おぼれる** 빠지다
- **おもち** 떡
- **つまる** 막히다
- **死**(し)**ぬ** 죽다
- **火事**(かじ) 화재
- **電子**(でんし) 전자
- **購入**(こうにゅう) 구입
- **感想**(かんそう) 소감
- **同窓会**(どうそうかい) 동창회
- **参加**(さんか) 참가
- **事前**(じぜん)**に** 사전에
- **入社**(にゅうしゃ) 입사
- **希望**(きぼう) 희망
- **来日**(らいにち) 일본으로 옴
- **大統領**(だいとうりょう) 대통령

 **Let's Talk**

① 존경어「〜れる, 〜られる」를 사용해서 질문해봅시다.

> 보기 昨日の夜は何時に寝ましたか。
> → 昨日の夜は何時に寝られましたか。

① 今朝は何時に起きましたか。

→ _____

② 昨日の夕ご飯は何を食べましたか。

→ _____

③ 昨日の9時のニュースを見ましたか。

→ _____

④ 一日に何回ぐらいトイレに行きますか。

→ _____

⑤ 一日に何CCぐらいお水を飲みますか。

→ _____

今朝(けさ) 오늘 아침 | **何回**(なんかい) 몇 번 | **忘**(わす)**れる** 잊다

② 다음 그림을 보고 「危うく ～するところでした」를 사용해서 말해봅시다.

보기

危うくカサを忘れるところでした。

①
쓰러질 뻔했습니다.

②
넘어질 뻔했습니다.

③
공에 얼굴을 맞을 뻔했습니다.

④
도미노를 쓰러뜨릴 뻔했습니다.

⑤
차에 치일 뻔했습니다.

いろいろな食べ物　여러가지 음식

규동(쇠고기덮밥)  ぎゅうどん 牛丼	스키야키 (전골 냄비 요리)  すき焼き	소바(메밀국수)  ざるそば
오므라이스  オムライス	유부초밥  いなり寿司	치라시즈시  ちらし寿司
오차즈케  お茶漬け	가츠동  カツ丼	오야코동  親子丼
우나기동(장어덮밥)  うなぎ丼	텐동(튀김덮밥)  天丼	닭튀김  鳥のから揚げ

쉬어가기

달걀말이	달걀 프라이	꽁치 소금구이

卵焼き(たまごやき)	目玉焼き(めだまやき)	さんまの塩焼き(しおやき)

차왕무시(달걀찜)	다코야키	오코노미야키

茶碗蒸し(ちゃわんむし)	たこ焼き(や)	お好み焼き(このやき)

닭꼬치	덴푸라(튀김)	야키소바
	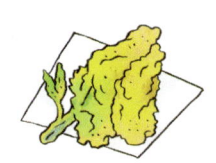	
焼き鳥(やとり)	天ぷら(てん)	焼きそば(や)

카레	라멘	오니기리(주먹밥)

カレー	ラーメン	おにぎり

틀리기 쉬운 일본어 표현

❀ 「もらう」と「受ける」について

「もらう」와 「受ける」는 '받다'는 뜻으로 쓰이는 말이지만 이 두 단어도 역시 회화에서 잘못 쓰는 경우가 상당히 많은 단어 중 하나이다.

① 明日ちょっと事情があって、先生の授業をもらうことができません。(×)
　→ 明日ちょっと事情があって、先生の授業を受けることができません。

② 私は研修院で教育をもらったことがあります。(×)
　→ 私は研修院で教育を受けたことがあります。

③ 日本では基本的にチップを受ける習慣がありません。(×)
　→ 日本では基本的にチップをもらう習慣がありません。

④ 彼から強い印象をもらいました。(×)
　→ 彼から強い印象を受けました。

위의 예문을 보면 알 수 있듯이 「～をうける」 앞에 오는 명사들은 거의 추상명사가 되는 데 비해, 「～もらう」 앞에 오는 명사들은 대체로 구체적인 명사가 들어간다고 생각하면 쉽게 구분이 될 것이다.

LESSON 13
漢字

学習ポイント

- ➡ ～もの
- ➡ ～らしい
- ➡ ということは
- ➡ ～わけではない
- ➡ ～される（사역수동）
- ➡ ～うちに

Conversation 1

李　　　田中さん、この漢字、何と読むんですか。「鳥」と「海」だから「とりうみ」でいいんですか。

田中　　えーと、この漢字の読み方は三つありますね。
「とりうみ」・「とりかい」・「ちょうかい」。
人の苗字の場合は直接その人に聞かないと分からないものですよ。
日本人の苗字は30万ほどあると言われていますからね。

李　　　え？30万ですか。それはびっくり。
韓国人の場合は300もないらしいんですけど。

田中　　ということは、日本は韓国の苗字の1000倍も多いんですね。
ところで、李さんは日本人の苗字の中で好きな苗字はありますか。

李　　　私は何と言っても「木村」が一番好きです。

田中　　どうして「木村」が好きなんですか。

李　　　実は、私、「木村拓哉」の大ファンなんです。

田中　　あ〜、だから「木村」という苗字が好きなんですね。

漢字(かんじ) 한자 | **鳥**(とり) 새 | **海**(うみ) 바다 | **苗字**(みょうじ) 성씨 | **直接**(ちょくせつ) 직접 | **木村拓哉**(きむらたくや) 기무라 타쿠야(일본 남자 배우 이름) | **ファン** 팬

Grammar

1 ～もの   당연함, 감탄, 과거의 회상

① かげで人の悪口を言うものじゃないよ。

② もう年末ですよ。早いものですね。

③ 子供の頃はよくゴムとびをしたものです。

POINT ①의 '당연함'은 '사회통념상 해야 한다'는 뜻으로 쓰인다.

2 ～らしい   불확실한 정보에 의한 전문(伝聞) ～인 것 같다

① うわさによると、金さん、来年カナダに移民するらしいですよ。

② ちらっと聞いた話では先生には子供がいるらしいですよ。

③ 風の便りでは、高橋さん、元気にしているらしいです。

POINT 「～らしい」는 이외에도 「～ようだ, ～みたいだ」와 비슷한 용법과 '～답다'라는 뜻이 있다.

3 ということは   그 말은, 그 뜻은

① 今日は朝から大雨ですね。

　ということは午後の野球の試合は中止になるかも知れませんね。

② うちの会社、今年は赤字だったそうですよ。

　ということは来年のボーナスは期待できませんね。

③ 朝から大雪警報が出てるね。

　ということは早めに家を出た方がよさそうだね。

| かげ 뒤 | 悪口(わるぐち)を言(い)う 욕하다 | 年末(ねんまつ) 연말 | ゴムとび 고무줄 뛰기 | うわさ 소문 | ～によると ～에 의하면 | 移民(いみん) 이민 | ちらっと 언뜻 | 風(かぜ)の便(たよ)り 풍문 | 大雨(おおあめ) 호우 | 野球(やきゅう) 야구 | 試合(しあい) 시합 | 中止(ちゅうし) 중지 | 赤字(あかじ) 적자 | 期待(きたい) 기대 | 大雪警報(おおゆきけいほう) 대설경보 | 早(はや)めに 일찌감치

Exercise

1 昔はよく山に行ってセミをとったものです。

① 小学生の頃はよく妹とケンカをする

→ _____

② 幼稚園の頃はよく父親におんぶしてもらう

→ _____

③ 中学生の頃は勉強もしないで遊びまわる

→ _____

2 うわさでは鈴木先生が学校をやめるらしいんですけど、本当でしょうか。

① 聞いたところ，今年の夏は猛暑

→ _____

② 風の便り，元同級生の森さんが結婚する

→ _____

③ うわさ，歌手Nさんと女優のHさんが交際している

→ _____

❸ A : 鹿児島では桜が開花したそうですよ。
　　B : ということは2, 3日したらこちらでも桜が開花するでしょうね。

① タイでまた大きな地震が起こった, また津波に気をつけなければいけない

　→ _____

② 大森さんまた受験に失敗した, 二浪することになる

　→ _____

③ 昨日韓国からEMSで書類を送った, 木曜日までには着く

　→ _____

 낱말과 표현

- セミ 매미
- とる 잡다
- ケンカ 싸움
- 幼稚園(ようちえん) 유치원
- おんぶ 어부바, 업음
- 遊(あそ)びまわる 놀고 다니다
- 鈴木(すずき) 스즈키(사람 이름)
- 猛暑(もうしょ) 혹서
- 元同級生(もとどうきゅうせい) 전 동급생
- 森(もり) 모리(사람 이름)
- 女優(じょゆう) 여배우
- 交際(こうさい) 교제
- 鹿児島(かごしま) 가고시마(지역 이름)
- 桜(さくら) 벚꽃
- 開花(かいか) 개화
- タイ 태국
- 地震(じしん) 지진
- 津波(つなみ) 쓰나미, 해일
- 大森(おおもり) 오오모리(사람 이름)
- 受験(じゅけん) 수험
- 失敗(しっぱい) 실패
- 二浪(にろう) 삼수
- 書類(しょるい) 서류

Conversation 2

Track 26

李	田中さん、日本人はどうやって漢字を覚えるんですか。私、漢字に弱くて。
田中	私たちも最初から漢字が書けたわけではないですよ。小学校の時から先生に書かされたり、読まされたりしているうちに自然と覚えたんです。
李	日本では高校卒業するまでどのぐらいの漢字を習うんですか。
田中	昔は常用漢字を1945字習っていたんですけど、最近は2136字に増えたそうです。
李	わー、2000字以上も習うんですね。でも、習っただけで読み書きは簡単にできないんじゃないですか。
田中	学校教育では読み書きができるように指導しているところも多いと聞いていますよ。
李	じゃ、田中さんも読んだり書いたりするのは大丈夫なんですね。
田中	実は最近ワープロの普及で読むことはできても、書けなくなってしまった漢字が増えてしまいましたよ。

漢字(かんじ) 한자 | **弱**(よわ)**い** 약하다 | **最初**(さいしょ) 최초, 처음 | **自然**(しぜん)**と** 자연히 | **覚**(おぼ)**える** 외우다, 기억하다 | **常用漢字**(じょうようかんじ) 상용한자 | **増**(ふ)**える** 늘어나다 | **簡単**(かんたん) 간단함 | **教育**(きょういく) 교육 | **指導**(しどう) 지도 | **普及**(ふきゅう) 보급

1　〜わけではない　　　　〜인 것은 아니다(부분부정)

① 一緒にスケートを習っても皆が上手になるわけではありません。

② すべての日本人が納豆が好きなわけではありません。

③ 刺身は嫌いだというわけではないですが、あまり食べない方です。

POINT　「〜わけではない」는 주로 술어를 부정하며, 「〜んじゃない」로 하지 않도록 주의한다.

2　〜される　　　　사역수동

① 昨日学校の廊下に立たされました。(立たせられました)

② 会社で大きなミスをして辞めさせられました。

③ 日曜日なのに先輩に学校へ来させられました。

POINT　①처럼 1그룹 동사는 「あ단+される」와 「あ단+せられる」양쪽 모두 쓸 수 있으며, 「する」는 「させられる」, 「くる」는 「こさせられる」가 된다.

3　〜うちに　　　　〜하는 사이에, 〜하다가

① 私も知らないうちにコンピューター・ウィルスに感染してしまった。

② 高速道路を走っているうちに眠くなってきた。

③ 彼女と話しているうちに悩みが自信へと変わりました。

④ 毎日日本のアニメを見ているうちに聞き取れるようになりました。

POINT　「〜うちに」뒤에는 변화를 나타내는 문장이 온다.

낱말과 표현

納豆(なっとう) 낫토 | 刺身(さしみ) 회 | 廊下(ろうか) 복도 | 辞(や)める 그만두다 | 先輩(せんぱい) 선배 |
ウィルス 바이러스 | 感染(かんせん) 감염 | 高速道路(こうそくどうろ) 고속도로 | 眠(ねむ)い 졸리다 |
悩(なや)み 고민 | 自信(じしん) 자신 | アニメ 애니메이션 | 聞(き)き取(と)る 알아듣다

1　A：福岡は雪が降らないんですか。
　　　B：雪は降らないわけではないですけど、あまり降りません。

① お酒は苦手, 苦手, そんなに強くない

　→ _____

② 東京の地理には詳しい, そんなに詳しい, ある程度なら分かる

　→ _____

③ 韓国では学生結婚をする人もいる, 全くいない, 多くはない

　→ _____

2　先生にしかられて家に帰る
　　　→ 先生にしかられて家に帰らされました。

① 駐車違反をして罰金を払う

　→ _____

② 平社員の時代はいつも事務所の掃除をする

　→ _____

③ うちの妹はクラスメートにいじめられて泣く

　→ _____

③ 勉強しているうちに寝てしまいました。

① 一週間に４回肉類を食べている、だんだんお腹が出てくる
→ _____

② 毎日牛乳を飲んでいる、身長が３センチも高くなった
→ _____

③ ６ヶ月間英会話教室に通っている、だんだん英語が話せるようになった
→ _____

낱말과 표현

- 福岡(ふくおか) 후쿠오카(지명)
- 苦手(にがて) 잘하지 못함
- 地理(ちり) 지리
- 詳(くわ)しい 밝다, 정통하다
- ある程度(ていど) 어느 정도
- 全(まった)く 전혀
- 駐車違反(ちゅうしゃいはん) 주차 위반

- 罰金(ばっきん) 벌금
- 払(はら)う 내다, 지불하다
- 平社員(ひらしゃいん) 평사원
- 時代(じだい) 시대, 시절
- 事務所(じむしょ) 사무소
- 掃除(そうじ) 청소
- 泣(な)く 울다
- 肉類(にくるい) 육류

- だんだん 점점
- お腹(なか) 배
- 牛乳(ぎゅうにゅう) 우유
- 身長(しんちょう) 신장
- 通(かよ)う 다니다

 Let's Talk

1 다음 질문을 듣고 「〜たものです」를 사용해서 대답해 봅시다.

> 보기 昔はどんなことをして遊んだんですか。
> → そうですね。昔はよくめんこをして遊んだものです。

① 小さい頃、雨が降ったりしたら家でどんなことをして遊びましたか。

　→ _____

② 子供の頃、駄菓子屋でどんなお菓子をよく食べましたか。

　→ _____

③ 小学生や中学生の頃、どんな雑誌や本をよく読みましたか。

　→ _____

④ 子供の頃はどんなアニメをよく見ましたか。

　→ _____

⑤ 4月1日のエイプリルフールの時はどんなウソをよくつきましたか。

　→ _____

 낱말과 표현

めんこ 딱지치기 | **駄菓子屋**(だがしや) 막과자 가게 | **お菓子**(かし) 과자 | **エイプリルフール** 만우절 | ウソをつく 거짓말하다 | **罰**(ばつ) 벌 | **〜として** 〜로서

❷ 다음 질문을 듣고「～させられる」를 사용해서 대답해 봅시다.

> 보기　学生時代は先生にどんなことをさせられましたか。
> → 学生時代は先生によく運動場を走らされました。

① 小さい頃、親にどんなことをよくさせられましたか。

→ _____

② 体育の時間はどんなことをよくさせられましたか。

→ _____

③ 学校で悪いことをしたら罰としてどんなことをさせられますか。

→ _____

④ 先輩にどんなことをさせられたことがありますか。

→ _____

⑤ 最近家族に何かさせられたことがありますか。

→ _____

틀리기 쉬운 일본어 표현

❁ '받다'의 일본어 표현

'받다'를 일본어로 표현할 때는 상황을 잘 보고 판단해야 한다.

① 제 선물 받아 주세요.
   → 私のプレゼントを<mark>うけとって</mark>ください。

② 다나카 씨, 전화 받으세요.
   → 田中さん、電話に<mark>出て</mark>ください。

③ 이번 시험은 100점을 받았다.
   → 今度の試験は100点<mark>だった</mark>。

④ 다나카 씨가 한 말에 상처를 받았다.
   → 田中さんが言った言葉に<mark>傷(きず)ついた</mark>。

⑤ 다나카 씨에게 초대를 받았다.
   → 田中さんから<mark>招待(しょうたい)された</mark>。

⑥ 새 소프트를 다운받았다.
   → 新しいソフトをダウンロード<mark>した</mark>。

⑦ 열을 받다
   → <mark>頭に来る</mark>

①의「うけとる」는 직접 손을 뻗어서 물건을 받을 때 쓰는 표현이다.

②는 전화를 받으라는 표현으로「電話に出てください」문장 전체를 외워두어야 할 표현이다.

③은 '받았다'를 그대로 일본어로 바꾸지 않고「명사+だった」형태로 표현한 것이다.

④는 '(마음에) 상처를 받다' 자체가 일본어「きずつく」로 표현이 되는 경우이다.

⑤는 '동사(한어)+받다'로 수동형으로 표현한 것이다.

⑥은 한국어로 해석할 때는 '받았다'이지만 일본어로 표기할 때는「した」가 되는 경우이다.

⑦은 '열을 받다'의 관용적인 표현이다.

MEMO

MEMO

MEMO

MEMO

동양북스 채널에서 더 많은 도서 더 많은 이야기를 만나보세요!

외국어 출판 45년의 신뢰
외국어 전문 출판 그룹
동양북스가 만드는 책은 다릅니다.

45년의 쉼 없는 노력과 도전으로 책 만들기에 최선을 다해온
동양북스는 오늘도 미래의 가치에 투자하고 있습니다.
대한민국의 내일을 생각하는 도전 정신과 믿음으로 최선을 다하겠습니다.

동양북스